경리실무자가 반드시 알아야 하는

경비지출 증빙실무

코페하우스

머리말

모든 기업과 단체 등에서 경비지출과 관련하여 증빙서류의 발행과 수취 등 지출증빙서류 관리의 중요성을 아무리 강조해도 지나치지 않을 것이다. 경리업무에서 그 핵심은 지출증빙서류를 확실하게 발행 및 수취하여 정확하게 회계와 세무처리하여 세무상 불이익을 방지하는 것이다. 지출증빙서류의 업무처리가 시작에서 마감까지 회계와 세무처리의 기본이고 핵심이다.

경리실무자들이 실무에서 지출증빙을 쉽게 생각하다가 문제를 일으키는 것이 자주 볼 수 있다. 증빙서류를 미처 챙기지 못했거나 잘못 챙긴 영수증이 소득계산에서 필요경비인정을 받지 못하는 것은 물론 증빙불비가산세를 부과받기도 하고, 또한 세무조사 대상의 근원이 되기도 한다.

이 책은 이러한 사항을 미리 방지하고 정확하고 확실하게 지출증빙의 지침서가 되고자 다음과 같이 구성하여 설명하였다.

첫째, 1장에서 경리실무자라면 반드시 알아야 하는 지출증빙의 핵심포인트를 설명하였다. 지출증빙서류의 종류, 수취와 보관, 증빙불비에 따른 문제점과 세무상 불이익에 대하여 설명하였다.

둘째, 2장에서 세금계산서의 지출증빙, 3장 전자세금계산서의 발행과 수취의 지출증빙요령, 4장 계산서의 지출증빙으로 면세거래에 대하여 증빙요령을 설명하고, 5장에서 신용카드매출전표의 지출증빙요령, 6장에서 현금영수증의 지출증빙요령 등으로 법정지출증빙서류의 수취와 발행, 거래유형별로 지출증빙에 대하여 사례를 제시하여 자세하게 설명하였다.

셋째, 7장에서 예외거래 유형별 지출증빙에 대하여 일반영수증의 수취와 발행 등의 증빙실무와 사례를 설명하고, 8장에서 지급유형별 지출증빙에 대하여 계정별 증빙실무와 사례를 설명하였다.

넷째, 9장에서 인건비 등의 지출증빙, 10장에서 접대비의 지출증빙, 11장에서 국외지급의 지출증빙 등의 거래와 지급 유형별로 각각의 증빙실무와 사례, 주의사항을 중심으로 설명하였다.

끝으로 1장에서 11장까지 주요 내용과 사례에 대하여 법령과 예규를 표시하여 내용에 대한 근거를 제시하였다.

이 책이 기업 등의 실무자에게 경비지출 증빙관리의 실무지침서로서 많은 도움이 되었으면 합니다.

세무사 고 희 동

읽어두기 (약어)

고시 : 국세청 고시
고용령 : 고용보험법 시행령
고용법 : 고용보험법
국세령 : 국세기본법 시행령
국세법 : 국세기본법
국제세 : 국제세원관리
법기칙 : 법인세법 기본통칙
법령 : 법인세법 시행령
법법 : 법인세법
법인 : 법인세
법준 : 법인세법 집행기준
법칙 : 법인세법 시행규칙
부령 : 부가가치세법 시행령
부법 : 부가가치세법
산보법 : 산업재해보상보험법
서면팀 : 인터넷상담서면팀
서이 : 서울지방국세청 세무2과
소령 : 소득세법 시행령
소법 : 소득세법
여신법 : 여신전문금융업법
연금법 : 국민연금법
원천 : 원천세
재법인 : 기획재정부 법인세
재소비 : 기획재정부 소득세
재정부 : 기획재정부
조특령 : 조세특례법 시행령
조특법 : 조세특례제한법

1장

지출증빙의 핵심포인트

# 지출증빙서류의 종류

   기업이 사업상 관련거래에서 지급하는 금액에 대한 영수증으로 세법에서 정한 증빙서류가 지출증빙서류이다. 거래와 관련하여 세법에서 인정하는 서류를 「법정지출 증빙서류」라고 하며, 이를 '법정증빙서류, 적격증빙서류, 정규영수증' 이라고도 한다.

- 법법 제121조, 소법 제162조의3, 163조, 부법 제16조,
- 여신법 제3장1절, 관세법 제16조

 **1 사업자별 지출증빙서류**

공급자	지출증빙서류	매입세액공제
과세사업자	· 세금계산서 · 신용카드매출전표[2] · 현금영수증[3]	공제
면세사업자	· 계산서 · 신용카드매출전표 · 현금영수증	불공제
간이과세자	· 금전등록기계산서 · 신용카드매출전표 · 영수증	불공제
세관장	· 수입세금계산서	공제

2 비용별 지출증빙서류

비용구분		지출증빙서류	매입세 액공제
일반비용	3만원 이하	· 세금계산서 · 계산서 · 신용카드매출전표 · 현금영수증	공제
		· 간이영수증(금전등록기영수증)	불공제
	3만원 초과	· 세금계산서 · 계산서 · 신용카드매출전표(법인카드, 사업주 카드) · 현금영수증	공제
접대비	1만원 이하	· 세금계산서 · 계산서 · 신용카드매출전표 · 현금영수증 · 간이영수증	불공제
	1만원 초과	· 세금계산서 · 계산서 · 신용카드매출전표(법인카드, 사업주 카드) · 현금영수증	불공제

 **2** 지출증빙서류 수취와 보관

① 지출증빙서류의 수취

지출증빙서류는 기업이 사업과 관련하여 거래한 사실내용을 입증하는 서류로서 현금 또는 예금의 지출을 수반하였거나 현금 또는 예금의 지출이 없었더라도 앞으로 지급해야 할 의무가 있는 거래에 대한 증명서류로 기업 내부에서 작성하는 증빙서류로는 소득세원천징수영수증 등이 있으며 기업 외부에서 수취하는 서류는 부가가치세법에서 규정하는 세금계산서, 계산서, 신용카드매출전표, 현금영수증 등이다.

사업자가 재화나 용역을 공급한 후 공급받는 사업자에게 거래사실을 증명하기 위한 증빙서류인 영수증(증빙서류)을 발행하여야 한다. 즉, 재화나 용역을 공급받은 사업자는 공급한 사업자로부터 과세 여부에 따라 세금계산서 또는 계산서 등을 수취하여 보관하여야 한다.[2]

🔘 사외 지출증빙

　① 세금계산서, 계산서

　② 신용카드매출전표, 현금영수증

　③ 수입세금계산서

④ 영수증

○ 사내 지출증빙
　① 원천징수영수증(근로소득, 퇴직소득, 사업소득, 기타소득)
　② 거래명세서, 거래원장
　① 전표

2 지출증빙서류의 보관

　현행법상 거래와 관련한 기업 등은 장부를 작성하여 비치와 보관해야 하는데 장부의 법정보존기간은 국세기본법, 소득세법, 법인세법, 상법, 근로기준법에서 다음과 같이 규정하고 있다.

○ 세법상의 장부 : 5년

　장부와 증거서류는 그 거래사실이 속하는 과세기간에 대한 해당 국세의 법정신고기한이 지난날부터 5년간 보존하여야 한다. 현행 세법상 납세의무자가 비치·작성해야 할 장부란 복식부기에 의한 장부를 말하며, 복식부기 의무자란 간편장부 대상자를 제외한 모든 법인과 사업소득 및 부동산소득 사업을 말한다.[3]

○ 근로기준법상의 장부 : 3년

　사업자가 종업원 등에게 지급한 급여명세를 보존하는 급여대장의 보존기한은 3년이다.[4]

○ 상법상의 장부 등 : 10년, 5년

　상인은 10년간 상업장부에 관한 증빙서류를 보존하여야 하나,

전표 등의 장부는 5년간 보존하여야 한다.[5]

3 지출증빙서류를 수취·보관하지 않은 불이익

국세기본법과 소득세법 및 법인세법에서 지출증빙서류를 수취하여 법정신고기한으로부터 5년간 보관하도록 규정하고 있다. 당해 지출증빙서류를 수취하여 보관하지 않으면 국세청은 다음과 같은 제재를 한다.

① 증빙불비가산세 부과

② 손비(필요경비) 불인정

③ 부가가치세 매입세액공제 불가

▶ 관련 법령

1) 법인세법 제116조, 소득세법 제160조의2
2) 국세기본법 제85조의3, 법인세법 제116조, 소득세법 제160조의2
3) 근로기준법 제41조, 시행령 제17조
4) 상법 제32조, 33조

 # 경비지출 절차와 내용

1 경비지출 확인 절차

> ① 지출비용의 업무관련성 확인

> ② 거래상대 사업자등록번호 등 확인
>
> ① 사업자등록번호, 주민등록번호, 법인등록번호 확인
> ② 사업자등록번호는 휴·폐업 여부 확인

> ③ 공급받은 내역과 지급내역 비치
>
> ① 공급받은 내역 : 상품수불부, 거래명세서, 매출처원장, 운반내역서, 작업일지 등
> ② 지급내역 :
> 1. 법인사업자 : 법인통장이체, 법인카드사용, 현금영수증수취
> 2. 개인사업자 : 사업용계좌사용, 사업주카드사용, 현금영수증 수취
> ③ 기타 거래내역 확인 가능한 자료 비치

> ④ 법정지출증빙서류 수취
>
> ① 세금계산서, 계산서, 신용카드매출전표, 현금영수증
> ② 법정지출증빙서류 미 수취 시 부가세매입세액 불공제, 증빙불비가산세 적용

기업이 비용을 지출하면 당해 사업과의 관련성, 상대방의 인적사항, 확인 가능한 지급명세 그리고 법정증빙을 모두 갖추어야 한다. 이 중 하나라도 없으면 가산세의 부담 또는 비용을 인정받지 못하는 경우가 발생한다.

○ 당해 사업 관련하여 지출하여야 한다.

당해 사업과 관련된 업무에 지출된 비용이어야 하므로 업무와 무관하게 지출된 비용에 대하여는 지출증빙을 갖출 필요가 없다. 업무와 무관하게 지출된 비용은 지출증빙을 갖추었다 하더라도 경비로 인정되지 못한다.

○ 거래상대 사업자등록번호 등을 확인하여야 한다.

일반적으로는 거래상대방의 사업자등록번호, 주민번호 또는 법인등록번호 등을 알고 거래하게 되지만 실무를 접하다 보면 상대방의 인적사항을 모르는 상황에서 대금을 지급하는 경우가 많이 발생한다. 예를 들면 다음과 같은 사례가 있다.

① 아르바이트를 고용하고 비용을 지급할 때 현금을 지급하고 인적사항을 받지 않는 경우
② 세금계산서를 받지 않고 비용을 지급하였는데 상대방이 세금계산서를 발급하여 주지 않는 경우
③ 건당 거래금액이 소액이어서 비용만 지급하고 영수증을 수취하지 않은 경우
④ 타부서나 대표이사에게 현금을 선지급했으나 당해 지출내용에 대한 증빙을 갖추어 주지 않는 경우

⏻ 확인 가능한 공급받은 내역의 객관적 자료를 갖추어야 한다.

당해 재화 또는 용역의 공급받은 내용을 객관적으로 증빙할 수 있는 자료를 갖추어야 한다.

① 법정증빙자료
- 세금계산서, 계산서,
- 신용카드매출전표, 현금영수증

② 거래와 사용 증빙자료
- 거래명세서, 매출처 원장
- 상품(제품)수불부, 운반명세서
- 작업일지

⏻ 법인계좌와 개인사업계좌 사용의 지급명세를 갖추어야 한다.

공급받은 내용과 함께 지급명세를 갖추어야 한다. 지급명세를 명확하게 하기 위해서는 법인은 법인계좌에서 개인사업자는 사업용계좌를 개설하여 당해 계좌에서 송금하여야 한다.

특히 개인사업자 중 복식부기의무자는 사업용계좌를 개설하여 신고하지 않거나, 거래대금, 임차료, 인건비 등을 사업용계좌에서 결제하지 않으면 가산세(0.2%)를 부담하게 되므로 반드시 사업용 계좌를 사용하여야 한다. (소득세법 제81조⑨항1호)

법인계좌나 사업용계좌 이외의 대표이사 개인계좌나 가족 또는 직원의 계좌를 사용하는 경우에는 당해 송금명세와 다른 정황으로 보아 사업에 사용된 것이 명확하면 비용으로 인정되기는 하나, 입증의 어려움이 발생할 수 있고 과세당국으로부터 의심을 받을 여지가 발생하므로 될 수 있으면 법인계좌나 사업용계좌를 사용해야 한다.

구분	계좌개설	지급명세
법인기업	법인 계좌	거래대금
개인기업	사업용계좌	거래대금 임차료 인건비 등

○ 법정지출증빙을 갖추어야 한다.

상대방의 인적사항과 지급명세가 명확하더라도 법정지출증빙을 갖추지 못하면 부가가치세를 공제받지 못함과 동시에 지출증빙 수취의 특례에 해당하지 않는 지출에 대하여는 증빙불비가산세를 부담하게 되므로 비용지출 시에는 반드시 법정지출증빙을 갖추도록 하여야 한다.

현금으로 지급하는 경우에 지급하는 금액이 3만원 이하의 영수증을 받은 경우는 별도의 지급내역을 갖추지 않아도 되나, 3만원을 초과하는 금액을 현금을 지급하는 경우에는 당해 지출을 인정받기 위하여 법정지출증빙의 객관적으로 확인 가능한 서류를 갖추어야 한다.

(법정지출증빙서류)
· 세금계산서
· 계산서
· 신용카드매출전표
· 현금영수증

3 비용지출 시 유의사항

⏻ 인건비 등의 지출하는 경우

주민등록등(초)본 또는 주민등록증 사본을 제출받는다. 이력서만 받을 때에는 주민등록번호가 오류가 발생하는 경우가 종종 있으니 주의하여야 한다.

⏻ 사내부서 등에 비용을 선지급하는 경우

사내부서 필요에 의해 경비 등의 비용을 선지급하고 증빙서류를 후 수취하는 경우 지출증빙 특례를 적용받는 지급 외에는 법정증빙서류의 비용만을 인정하여 정산한다. 특히, 대표가 사용하는 비용은 그 구분을 명확히 하여 법정증빙서류 등을 수취하여야 하며, 증빙을 갖추지 않으면 대표이사의 급여로 처리한다.

⏻ 거래처로부터 선공급 받고 대금을 후지급하는 경우

물품 등을 선공급 받고 대금을 후지급하는 거래에는 법정지출증빙서류를 수취한 후에 대금을 결제하여야 한다. 거래를 처음 시작하는 경우 거래상대 사업자의 사업자등록증을 받아 사업유형과 거래에 다른 법정증빙서류의 발행 및 수취 여부 등을 확인하여야 한다.

계속사업자와 휴·폐업사업자의 여부는 국세청에서 확인할 수 있다. 폐업한 사업자 중에서 세무서에 세무신고 등을 하지 않아 세무서로부터 직권폐업을 당하고도 세금계산서를 발행하는 사례가 종종 있으므로 주의하여야 한다.

• 국세청 사업자 확인 사이트 : www.nts.go.kr

 ## 4 지출증빙서류의 미비에 따른 제재

국세기본법, 소득세법, 법인세법 등에서 지출증빙서류를 수취하여 법정신고기한으로부터 5년간 보관하도록 규정하고 있다. 지출증빙서류를 수취하여 보관하지 않으면 다음과 같은 제재 및 불이익이 발생한다.

① 손비(필요경비)처리 불가
② 부가가치세 매입세액공제 불가
③ 증빙불비가산세 부과

1 손비(필요경비)처리의 불가

소득금액 계산 시 지출과 관련하여 증빙서류를 수취하지 않으면 법인세 및 소득세 계산에서 지출증빙서류 미비 금액만큼 필요경비로 인정을 받지 못하여 손비로 처리할 수 없어 불이익이 발생한다.

기업에서 지출하는 경비에 대한 인정은 수입과 지출의 계산상에 큰 영향을 준다. 특히 손비(필요경비)는 회계장부에 기록하는 것만으로 모두 인정하지 않으므로 손비의 발생사실을 입증하는 지출증빙서류를 갖추어야 한다.

◑ 지출내역이 객관적으로 확인이 안 되는 경우

지급내역은 있으나 거래상대방 인적사항을 모르는 경우이거나, 거래상대방의 인적사항은 파악되나 송금명세서 등의 객관적인 지급내역이 없는 경우이다. 국세청에서는 당해 비용을 인정하지 않을 수 있다. 따라서 비용을 지출한 법인사업자는 법인의 비용으로 인정하지 않음과 동시에 당해 금액을 대표이사가 가져간 것으로 보아 대표이사의 근로소득으로 처리될 수 있다.

② 부가가치세 매입세액 불공제

기업은 사업과 관련하여 사용한 자금에 대하여 지출을 확인할 수 있는 객관적인 지출증빙을 갖추지 못하면 불이익을 받게 된다. 부가가치세 과세사업자가 매입세금계산서를 수취하지 않으면 당해 매입재화의 공급가에 포함된 부가가치세를 공제받을 수 없다. 즉 공급가의 10/110에 해당하는 부가가치세만큼 손해를 본다. (부법 제17조)

◑ 지출내용은 확인되나 법정증빙을 갖추지 못한 경우

비용을 지급받은 기업의 사업자번호 또는 사람의 주민번호와 지급내역(송금내역 등) 등을 객관적으로 확인할 수 있으나, 법정증빙서류를 갖추지 못한 때에는 해당 비용을 인정하지만, 부가가치세 매입세액공제를 받지 못하며, 당해 비용이 3만원을 초과하면 증빙불비가산세(2%)를 부담하게 된다.

③ 증빙서류 미수취 가산세 부과

　사업자(소규모사업자 및 소득금액 추계신고자 제외)가 사업과 관련하여 다른 개인 및 법인 사업자로부터 재화 또는 용역을 공급받고 법정증빙 증명서류를 받지 아니하거나 사실과 다른 증명서류를 받았을 때 받지 아니하거나 사실과 다르게 받은 금액의 2%에 해당하는 금액을 결정세액에 더하여 납부해야 한다.

　· 증빙불비가산세: 지출증빙서류 미 수취 금액의 2%

 증빙불비가산세 대상과 세율 등

1 가산세 대상

사업자가 3만원(부가가치세 포함)이 초과하는 금액에 대하여 사업과 관련된 재화나 용역을 공급받고 법정지출증빙을 수취하지 아니하면 가산세가 부과된다.

법인사업자가 지출증빙서류를 수취하지 아니한 금액 즉 공급가의 2%의 증빙불비가산세를 부과하며, 이 가산세는 당해 사업연도에 법인세과세표준금액에 없더라도 적용한다.

개인사업자로서 복식부기의무자는 증빙 수취 불이행가산세가 법인과 같은 이유로 추가 부담하며 가산세율도 법인과 같이 공급가의 2%의 증빙불비가산세를 부과한다.

2 가산세 세율

사업과 관련하여 사업자가 재화 또는 용역을 공급받고 법정증빙 증명서류를 관할 세무서에 제출하지 아니하거나 사실과 다른 증명서류를 제출한 경우에는 가산세규정을 적용받지 않는 특정 경우를 제외하고는 그 증빙서류를 받지 않은 금액 또는 사실과 다른 증빙서류를 받은 금액의 2%에 상당하는 금액을 가산한 금액을 법인세로 납부한다. 이 경우 산출세액이 없는 경우에도 가산세를 납부해야 한다.[1]

③ 가산세 배제

증빙불비가산세 적용대상이 아닌 사업자는 신규사업자와 소규모 사업자로 다음과 같다.[2]
① 해당 과세기간에 신규로 사업을 개시한 사업자
② 직전 과세기간의 사업소득의 수입금액(결정 또는 경정으로 증가한 수입금액을 포함한다.)이 4천8백만원에 미달하는 사업자

④ 가산세 사례

○ 출장경비 지출증빙서류 미비에 다른 가산세 여부

법인이 업무와 관련하여 출장하는 사용인에게 지급한 교통비, 숙박비, 식대 등이 당해 법인의 여비지급규정 및 객관적인 거래증빙에 의하여 법인에 귀속시키는 것이 정당함이 입증된 경우에는 소득금액계산상 손금에 산입한다.

이 경우 당해 사용인이 지출한 경비 중 사업자로부터 거래 건당 3만원 이상의 재화 또는 용역을 공급받고 그 대가를 지급한 금액에 대하여 법정지출증빙서류(신용카드 매출전표, 현금영수증, 세금계산서, 계산서)를 수취하지 아니하면 법인세법에서 정

한 증빙서류 미 수취 가산세가 적용된다.[3]

> **▶ 관련법규**

  1) 법인세법 제76조, 소득세법 제81조
  2) 소득세법시행령 제132조④항
  3) 법인 46012-23, 2000.1.6

사업용계좌의 개설과 사용

1 사용 의무

복식부기의무자는 사업과 관련하여 재화 또는 용역을 공급받거나 공급하는 거래의 경우로서 다음 각 호의 어느 하나에 해당하는 때에는 사업용계좌를 사용하여야 한다.[1]

① 거래의 대금을 금융회사 등을 통하여 결제하거나 결제받는 경우

② 인건비 및 임차료를 지급하거나 지급받는 경우. 다만, 인건비를 지급하거나 지급받는 거래 중에서 거래 상대방의 사정으로 사업용계좌를 사용하기 어려운 경우(신용불량자, 외국인 불법체류자, 국민연금가입대상이 아닌 건설일용근로자)는 제외한다.

2 신고하지 않은 경우

사업자가 사업용계좌를 신고하지 아니하면 다음 중 금액 중 큰 금액을 가산세로 부과한다.

① 과세기간에 사업용계좌를 신고하지 아니한 기간의 수입금액의 0.2%에 해당하는 금액

· 미신고기간의 수입금액계산 :

> 수입금액 = 해당 과세기간의 수입금액 × 미신고기간 / 365(윤년 366)

② 거래의 대금을 금융기관을 통하여 결제하거나 결제받는 때
  또는 인건비 및 임차료를 지급하거나 지급받는 때 거래금액
  합계액의 0.2%에 해당하는 금액[3]

③ 사용하지 아니한 경우

사업자가 사업용계좌를 사용하지 아니하면 사업용계좌를 사용
하지 아니한 금액의 0.2% 해당하는 금액을 가산세로 부과한다.
[3]

· 가산세: 사업용계좌를 사용하지 않은 금액의 0.2%

④ 사례

◑ 사업용계좌 개설·신고의무 불이행 시 세액감면 여부

복식부기의무자는 복식부기의무자에 해당하는 과세기간의 개
시일부터 3개월 이내에 사업용계좌의 개설·신고의무가 있는 것
으로 동 사업자가 그 의무 불이행 시 해당 과세기간에 대하여
중소기업 특별세액감면을 적용하지 않는다.[4]

◑ 신고하지 아니한 사업용계좌 결제의 세액공제대상 여부

사업자가 납세지 관할 세무서장에게 사업용계좌로 신고하지
아니한 당해 사업자의 계좌를 통해서만 매출 및 매입대금의 결

제가 이루어지면 성실신고세액공제 대상에 해당하지 않는다.[5]

⏻ 종업원 명의로 거래처 사업용계좌에 송금하는 경우

임차인의 종업원 또는 가족이 부동산임대업자의 사업용계좌에 임차료를 송금하는 경우 부동산임대업자는 사업용계좌를 사용한 것에 해당한다.[6]

⏻ 프랜차이즈 본사가 가맹점의 임차료를 대납하는 경우

프랜차이즈 본사가 가맹점의 임차료를 대납하는 경우 사업용계좌를 사용하여야 한다.[7]

⏻ 임차료를 현금으로 받아 사업용계좌에 입금하는 경우

사업용계좌의 사용의무가 있는 부동산임대업자가 임차료를 현금 및 수표로 지급받아 사업용계좌에 입금하는 경우 사업용계좌의 미사용에 해당한다.[8]

▶ 관련법규

1) 소득세법 제160조의5
2) 소득세법 제81조
3) 소득세법 제160조의5①항
4) 조특법 제128조, 소득세과 3223(2008.9.12), 927, 933(2009.6.19)
5) 상담3팀 1315, 2008.6.26
6) 소득세과 449, 2009.3.24
7) 상담1팀 194, 2008.2.05
8) 소득세과 450, 2009.3.24

2장

세금계산서의 지출증빙

 # 세금계산서의 발행

1 세금계산서 발행과 수취

부가가치세 과세 사업자인 일반사업자가 재화나 용역을 공급하고, 공급받는 사업자에게 거래사실과 부가가치세의 징수사실을 기재하여 발행하는 증빙서류가 「세금계산서」이다. 즉, 재화나 용역을 공급받는 사업자는 공급한 사업자로부터 세금계산서 등 영수증(증빙서류)을 수취하여야 한다.

세금계산서를 수취할 때 사업자등록번호, 공급가액 등이 기재사항 등이 미비한 세금계산서를 수취하면 이에 따른 세무상 불이익을 받게 된다. 공급받은 금액에 10%에 해당하는 부가가치세를 공제받지 못함은 물론 증빙불비가산세를 부과받게 된다. 이에 거래사실에 따른 정확한 세금계산서를 발급받아야 한다.

2 세금계산서 기재사항

세금계산서 발행의 필수기재사항은 다음과 같다.
① 공급하는 사업자의 등록번호와 성명, 상호
② 공급받는 자의 등록번호
③ 공급가액과 부가가치세액
④ 작성연월일

⏻ 기재사항 누락

 필수(필요적)기재사항이 누락되거나 잘못 기재되면 공급받는 사업자는 당해 세금계산서에 대한 부가가치세를 공제받을 수 없고, 잘못 기재된 세금계산서로 매입세액을 공제받은 경우에는 가산세까지 부담하여야 한다(부법 제17조②2, 제22조④).

구분	세금계산서발급 / 매입세액공제
1. 공급시기 이후에 발급받은 경우	·동일과세기간 내 발급: 세액공제 가능 ·다른 과세기간에 발급: 세액 불공제
2. 사업자등록 전에 발급받은 경우	·사업자등록신청일 이전 20일 이내면 공제 가능
3. 상대방이 간이과세자·비영리단체·면세사업자인 경우	·일반적인 경우: 발급불가 ·공동매입인 경우: 발급가능
4. 세금계산서를 요구해야만 발급받을 수 있는 사업자	소매업, 음식점업, 전세버스운송사업, 변호사 등 전문직종, 주차장운영업, 부동산중개업, 전기·통신·가스공급업 등
5. 상대방이 일반과세자이나 세금계산서를 발급받을 수 없는 사업자	여객운송업, 목욕·이발·미용업, 입장권발행 사업자: 매입세액 불공제
6. 신용카드 사용분	·신용카드구매 이후 세금계산서 발급불가 ·세금계산서발급 이후 신용카드결제 가능 ·업무에 타인(종업원, 가족 제외)신용카드 사용한 경우에는 세금계산서 발급 가능 (중복발행 시 신용카드전표에 세금계산서 발급분이라고 표시)
7. 위탁판매하는 경우의 세금계산서 발행 및 수취	판매된 시점에 공급자를 위탁자로 하여 수탁자가 발행
8. 2 이상의 사업장이 있는 경우	·사업자단위과세 적용받는 경우: 본점(주사업장) 명의로 일괄수취 가능 ·사업자단위과세 적용받지 않는 경우 : 각 사업장별 개별 수취
9. 포괄양수도 하는 경우	세금계산서 발급불가

 **세금계산서의 발급시기**

1 공급시기 원칙 발급일자

세금계산서는 재화 또는 용역을 공급받은 시기를 작성연월일로 공급자로부터 발급받아야 한다.

공급받은 시기가 아닌 다른 날짜를 작성연월일로 하여 세금계산서를 발급받으면 부가가치세 매입세액을 공제받지 못한다. 따라서 재화나 용역을 공급받을 때 공급받은 시기가 언제인가를 확인해야 불이익을 당하지 않는다.

2 거래형태별 공급시기

○ 일반적 거래형태별 공급시기

거래형태		공급시기
재화	재화의 이동이 필요한 경우	재화가 인도되는 때
	재화의 이동이 필요하지 아니한 경우	재화가 이용 가능하게 되는 때
용역	용역 제공의 경우	역무제공이 완료되는 때

거래형태	공급시기
① 장기할부판매 (재화 인도 후·용역제공 완료 후 할부기간 1년 이상) ② 완성도기준지급(완성비율에 따름, 기간 제한 없음) ③ 중간지급조건부(재화 인도 전·용역제공 완료 전 대금 지급기간 6개월 이상 분할지급)	그 대가의 각 부분을 받기로 한 때
④ 반환 조건부·동의조건부·기한부 판매	조건성취 되거나 기한경과 되어 판매가 확정되는 때
⑤ 계속적 공급 (가스·전기·임대용역 공급 등)	그 대가의 각 부분을 받기로 한 때

③ 공급시기 판단기준 사례

○ 공급가액 확정시기가 공급시기이다.

공급시기가 확정되려면 위의 각 거래에 대한 거래시기가 도래할 뿐만 아니라 공급가액도 확정이 되어 있어야 한다. 따라서 위 거래시기까지 소송 등으로 인하여 공급가액이 확정되지 않은 경우에는 최종판결 등에 의한 공급가액이 확정되는 시기가 공급시기가 된다. (부가 46015-1566, 1994.7.2(7)

○ 대가를 미리 받고 세금계산서를 발급한 경우

위의 공급시기 이전에 대가의 전부 또는 일부를 받고, 이와 동시에 그 받은 대가에 대하여 세금계산서 또는 영수증을 발급하는 경우에는 그 발급하는 때를 각각 그 재화 또는 용역의 공급 시기로 본다(부법 제9조③). 이때 공급시기라 함은 부가가치세법상의 공급시기일 뿐 법인세와 종합소득세 계산할 때의 수익·비용의 인식시기와는 다르다.

⏻ 법원의 결정으로 용역의 공급대가 등이 확정되는 경우 공급시기

용역의 제공기간 및 용역대가에 대하여 다툼이 있어 법원이 동 소송 건에 대하여 '조정에 갈음하는 결정(강제결정)'을 하는 경우, 용역의 공급시기는 역무의 제공이 완료되고 그 공급가액이 확정되는 때인 '조정에 갈음하는 결정'에 대한 이의신청 기간의 다음날이 되는 것이다. (부가-1645, 2010.12.10)

⏻ 선수 임대료의 공급시기 도래 전 세금계산서 발행 여부

임대인(갑)이 자기의 토지 위에 임차인(을)으로 하여금 건물을 신축하여 일정 기간 무상 사용하도록 하고, 그 건물의 소유권을 이전받으면 '갑'이 일정 기간의 부동산임대용역에 대한 대가(당해 건물의 시가)를 선급으로 받은 것으로 보는 것이다.

이때 '갑'은 각각의 예정신고기간 또는 과세기간의 종료일에 각 과세기간에 해당하는 금액을 과세표준으로 하여 세금계산서를 교부한다. 그러나 '갑'이 건물의 소유권을 이전받은 날에 당해 건물의 시가 상당액, 즉 선불금액 전액에 대하여 세금계산서를 교부하는 경우에는 그 교부하는 때를 부동산임대용역의 공급시기로 보는 것이다. (부가-489, 2009.4.9)

⏻ 중간지급 조건부로 변경시 공급시기

당초 재화의 공급계약이 중간지급 조건부에 해당하지 아니하여 계약금 지급 시 세금계산서를 교부하지 아니하였으나, 당사자 간에 계약조건을 변경하여 중간지급 조건부계약으로 변경된 경우, 계약변경 이전에 이미 지급한 계약금은 변경계약일을, 변경계약일 이후에는 변경된 계약에 의하여 대가의 각 부분을 받기로 한 때를 각각 공급시기로 하여 세금계산서를 교부한다. (서면3팀-1009, 2005.7.1)

⏻ 중간지급 조건부 불명확한 잔금 지급일시

신축주택을 중간지급조건 부로 공급하는 경우, 계약서 상에 잔금지급일자를 명시하지 아니하고 막연히 '입주시' 라고 표시하였을 때 잔금부분에 대한 공급시기는 다음과 같다. (부가 1265.2-1380, 1983.7.12)

① 입주통보에 의한 입주지정일 또는 입주기간 종료일 이전에 잔금을 청산하는 때는 잔금을 청산한 때.
② 입주통보에 의한 입주지정일 또는 입주기간 종료일까지 잔금을 청산하지 아니하고 사실상 입주를 하지 아니한 때에는 입주지정일 또는 입주기간이 종료하는 때.
③ 입주통보에 의한 입주지정일 또는 입주기간 종료일까지 잔금을 청산하지 아니하고 입주하는 경우는 입주하는 때.

⏻ 용역의 공급시기가 폐업일 이후 도래하는 경우의 공급시기

폐업 전에 공급한 용역의 공급시기가 폐업일 이후에 도래하는 경우 그 폐업일을 공급시기 하여 세금계산서를 교부하고 부가가치세를 거래징수하여야 한다. (부가 46015-3295, 2000.9.23)

 # 3 공급시기 전 세금계산서 발급

1 발급요건

사업자는 재화나 용역을 공급받은 시기마다 세금계산서를 발급받아야 하지만 자금사정상, 거래의 상관행상 등 거래시기마다 세금계산서를 발급받기 어려운 특정한 경우에는 세금계산서의 발급의 편의를 위해 특례규정을 두고 있다.

발급 특례 요건	발급 여부
① 대금을 지급한 경우	발급가능
② 세금계산서 받고 7일 이내 대금지급	당해 7일 기간 내 발급가능
③ 세금계산서 받고 30일 내 대금지급 ④ 계약서 등에 대금청구시기와 지급시기가 별도 기재 ⑤ 전사적 자원관리시스템(ERP)에 보관	당해 30일 기간 내 발급가능
⑥ 할부판매, 계속적 공급되는 재화/용역의 공급시기인 각 부분을 받기로 한때 이전에 발급하는 경우	발급가능

② 발급일로부터 7일 이내에 대가를 지급

대금을 미리 지급하지 아니한 경우에 공급시기 전에 세금계산서의 발급은 다음의 경우에만 인정된다. 따라서 다음에 해당하지 않은 경우에 공급시기 전에 발급받은 세금계산서의 매입세액은 불공제된다.

재화 또는 용역의 거래시기가 도래하기 전에 세금계산서를 발급받고 그 세금계산서 발급일로부터 7일 이내에 대가를 지급하는 경우에 세금계산서 발급을 인정한다.

③ 발급일로부터 30일 이내에 대가 지급

대가를 지급하는 사업자가 다음의 요건을 모두 충족하는 경우에는 7일 이후 30일 이내에 대가를 지급해도 발급받은 세금계산서는 적법한 세금계산서로 인정한다.

① 거래 당사자 간의 계약서·약정서 등에 대금청구시기와 지급시기가 별도로 기재될 것
② 대금청구시기에 세금계산서를 발급받고 이를 전사적 자원관리시스템(ERP)에 보관할 것

④ 장기할부판매 등 공급시기 전 세금계산서 발급

장기할부판매 등 다음의 공급시기 전에 세금계산서를 발급한 경우 다음의 공급에 대하여는 공급시기(각 부분을 받기로 한 때)가 도래하기 전에 세금계산서를 발급하는 경우에는 그 발급하는 때를 당해 재화 또는 용역의 공급시기로 보고 있다.[1]

① 장기할부판매의 공급시기

② 전력 기타 공급단위를 구획할 수 없는 재화를 계속적으로
  공급하는 경우의 공급시기

③ 장기할부 또는 통신 등 그 공급단위를 구획할 수 없는 용
  역을 계속적으로 공급하는 경우의 공급시기

4 사례

⏻ 선발급 세금계산서 요건을 충족 못한 경우 매입세액공제 여부

사업자가 공급시기가 도래하기 전에 재화나 용역에 대한 대가
를 지급하지 아니하고 발급받은 세금계산서에 대한 매입세액은
매출세액에서 공제하지 아니한다.[2]

⏻ 계속적 임대용역의 공급시기 도래 전에 세금계산서 교부 시 공
  급시기

사업자가 부동산임대용역을 계속적으로 공급하고 그 대가를
매월 기일을 정하여 받기로 한 경우에 있어서 당해 부동산임대
용역의 공급시기는 그 대가의 각 부분을 받기로 한 때가 되는
것이며, 이 경우 사업자가 당해 공급시기가 도래하기 전에 세금
계산서를 교부하는 경우에는 그 교부하는 때를 당해 용역의 공
급시기로 보는 것이다.[3]

⏻ 장기할부판매 시 재화 인도전에 교부한 세금계산서의 적정 여부

장기할부판매에 해당하는 계약을 체결하고, 장기할부판매 대
상이 되는 재화를 인도하기 전에 대가의 지급 없이 교부한 세금

계산서는 사실과 다른 세금계산서에 해당한다.[4]

▶ 관련법규

  1) 부령 제22조, 부칙 제9조②항
  2) 부가 1639, 2010.12.10
  3) 서면3팀 832, 2008.4.28
  4) 서면3팀 422, 2008.2.26

 # 공급시기 후 세금계산서 발급

1 발급요건

발급 특례 요건	발급 여부
① 공급시기가 속한 과세기간 내 발급	발급가능
② 공급시기가 속한 과세기간 이후 발급	발급불가

2 공급 후 발행시기가 과세기간 내인 경우

　재화 또는 용역을 공급받은 시기 이후에 발급받은 세금계산서로서 당해 공급받은 시기가 속하는 과세기간 내에 발급받은 경우의 매입세액은 공제가 가능하지만, 지연 수취에 따른 가산세(공급가액의 1%)를 추가로 납부하여야 한다.

　세금계산서를 공급받은 시기가 속하는 과세기간이 아닌 다른 과세기간에 소급하여 발급받은 경우에는 매입세액을 공제받을 수 없다.[2]

③ 과세기간 후 발급 내국신용장 등의 세금계산서 발행

내국신용장 또는 구매확인서는 공급시기가 속하는 과세기간 종료 후 20일 이내에 발급하면 되므로, 공급일의 다음 달 10일까지 내국신용장 및 구매확인서가 발급되지 않은 경우에는 먼저 영세율이 적용되지 않은 세금계산서를 발급하는 것이며, 공급시기가 속하는 과세기간 종료 후 20일 이내에 내국신용장 및 구매확인서가 발급된 경우 영세율을 적용하여 수정세금계산서를 발급한다. 이때 작성일자란에 당초 세금계산서상의 작성일자를, 비고란에는 내국신용장(구매확인서)의 개설일자를 부기하여야 한다.[3]

④ 예정신고기간 분을 확정신고기간에 발행한 경우

사업자가 예정신고기간에 발행하여야 할 세금계산서를 확정신고기간에 교부한 경우 매출누락에는 해당되지 아니하나 가산세가 적용된다. 공급시기 이후에 교부받은 세금계산서로서 당해 공급시기가 속하는 과세기간 내에 수취한 경우에는 매출세액에서 공제할 수 있는 것이며, 이 경우 가산세를 적용한다.[4]

⑤ 과세기간 후 발급받은 세금계산서

사업자가 물품 등을 공급한 후 사업장 관할 세무서장으로부터 부가가치세 과세표준과 납부세액 또는 환급세액을 조사 결정을 받아 부가가치세가 추징된 후에 당해 추징과 관련하여 교부한 세금계산서의 매입세액은 공급받는 자의 매출세액에서 공제되지

아니한다.[5]

▶ 관련법규

1) 부법 제22조⑤1, 부령 제70조의3⑥
2) 서면3팀 880, 2008.5.2
3) 부가 1252, 2010.9.26
4) 부가 2910, 2008.9.4
5) 서면3팀-7, 2004.1.13)

 **합계세금계산서의 발행**

1 발급요건

발급 특례 요건		발급 여부
① 1역월 단위 합산	1장으로 합산	월말 일자로 발급 가능
	2장 이상으로 합산	월말 일자로 발급 가능
② 1역월 이내 기간 합산	1장으로 합산	당해 기간 말 일자로 발급 가능
	2장 이상으로 합산	당해 기간 말 일자로 발급 가능
③ 2역월에 걸쳐 있지만 30일 내 기간의 합산 (예: 1월25일 ~ 2월10일까지)		발급 불가

2 2이상 거래의 합계세금계산서 발행

거래가 빈번한 거래처로부터 재화 또는 용역을 제공받을 때에는 세금계산서의 발급의 편의를 위해 다음에 해당하는 경우에는 공급시기가 속하는 달의 다음 달 10일까지 세금계산서를 발급할 수 있다.

① 거래처별로 1역월의 공급가액을 합계하여 당해 월의 말일 자

를 작성연월일로 하여 세금계산서를 발급하는 경우

＊ 1역월이란 1개월로서 1월1일부터 1월31일과 2월1일부터 2월28일로 그 해당 월의 1일부터 말일까지를 말하며, 1월15일부터 2월14일까지의 30일을 의미하는 것은 아니다.

② 거래처별로 1역월 이내에서 사업자가 임의로 정한 기간의 공급가액을 합계하여 그 기간의 종료일자를 작성연월일로 하여 세금계산서를 발급하는 경우

＊ 즉, 월을 달리하여 공급된 부분(예) 11월15일부터 12월14일까지 합계하여 발급할 수는 없다.

③ 관계증빙서류 등에 의하여 실지 거래사실이 확인되는 경우로서 당해 거래일자를 작성연월일로 하여 세금계산서를 발급하는 경우

이 규정에 의하여 거래일자에 세금계산서를 발행하지 못했지만 동일한 과세기간 내에 당해 거래일자를 작성연월일로 하여 세금계산서를 발급하는 경우에도 부가가치세 매입세액 공제가 가능하다. 다만 지연수취에 따른 가산세(공급가액의 1%)를 적용받을 수 있다.

○ 월 합계 세금계산서를 2매 이상으로 발행하는 경우

사업자가 거래처별로 1역월의 공급가액을 합계하여 당해 월의 말일자로 세금계산서를 발급함에 있어 동일 거래처에 품목별 또는 담당자별로 구분하여 2매 이상의 세금계산서를 발급할 수 있다.[1]

3 거래명세표 등 비치

과세재화가 이동하는 경우에는 거래명세표, 송장, 출고지시서 등의 증표를 사용하여야 한다. 다만, 거래쌍방이 동 거래의 내용을 전산조직에 의하여 처리하고 그 내용을 전산테이프 또는 디스켓으로 보관하여 확인할 수 있는 경우에는 별도로 거래명세표, 송장, 출고지시서 등의 증표를 사용하지 아니할 수 있다. 이 경우 동 증표의 규격 및 명칭에는 제한을 두지 아니하나 거래 쌍방·거래일자·재화의 품명·수량 및 금액을 확인할 수 있는 내용이 기재되어야 한다.[2]

거래시기마다 위 증표를 발급하지 아니하고 월합계세금계산서를 발급한 경우에는 부가령 제54조의 월합계세금계산서에 해당하지 아니한다.[3]

4 중복 발행 여부

월합계세금계산서를 발급하고 신용카드로 대금결제를 받을 수 있으나, 재화 또는 용역을 공급하고 신용카드매출전표 등을 발급한 경우에는 (월합계)세금계산서를 발급할 수 없다.[4]

5 과세와 영세율의 거래구분

월합계세금계산서 교부는 동일거래처에 대해서 과세거래와 영세율거래에 대하여 구분하여 적용할 수 있다.[5]

▶ 관련법규

1) 서면3팀-2853, 2007.10.19   2) 고시 제2009-64①2, 2009.8.24
3) 제도 46015-11691, 2001.6.26   4) 법규부가 2010-122, 2010.5.17
5) 부가 46015-4290, 1999.10.25

 **사업자등록 전·후 세금계산서 발행**

1 사업자등록 전 세금계산서 발급

사업등록 신청일(사업자등록증 발급받은 날이 아님)로부터 역산하여 20일 이내에 발급받은 세금계산서는 매입세액으로 공제가 가능하다. 세금계산서를 발급받을 때에는 당해 사업주 또는 법인대표자의 주민등록번호를 기재하여 세금계산서를 발급받아야 한다.

> * 사업자등록 전 세금계산서 수취는 사업주 또는 대표자 주민등록번호로 발급받는다.

2 사업자등록 후 등록 전 거래의 세금계산서 발급

사업자등록 신청일 전에 발급받은 세금계산서에 사업주 또는 법인대표자의 주민등록번호를 기재하지 않고 공란으로 비워 두었다가 사업자등록번호를 발급받은 후에 사업자번호를 기재한 경우에도 사실과 다른 세금계산서로 볼 수 없으므로 매입세액공제가 가능하다.

예를 들면 7월15일에 사업자등록을 신청한 사업자가 6월30일에 공급받은 재화 또는 용역에 대하여 작성연월일은 6월30일로 하였으나 주민등록번호가 아닌 사업자등록번호로 세금계산서로 발급받았다면, 세금계산서는 공급시기가 속한 달의 다음 달 10일까지 발급받아야 하며 다음 달 10일까지 발급받지 못하면 공급시기가 속한 과세기간까지 발급받아야 하는데, 사업자등록번호가 확인된 시기는 7월15일 이후이므로 과세기간 이후에 발급된 세금계산서로 보아 매입세액공제를 받지 못할 수도 있다.

그러나 판례는 거래사실이 확인되고 법정신고기한 내에 신고가 이뤄졌는데도 단지 사업자등록 20일 전 거래분에 대해 주민등록번호로 발행된 세금계산서를 수취하지 않고 사업자등록 후 교부받은 사업자등록번호로 발행된 세금계산서를 수취하였다는 이유로 매입세액공제를 하지 않는 것은 부가가치세법의 취지에 맞지 않은 잘못된 처분으로 판단하고 있다. (조심 2009전3221, 2010.8.2)

여기서 역산하여 20일 이내라 함은 공급시기가 20일 이내에 속하면 되는 것이다. 따라서 인테리어 등을 공급받으면서 계약일이나 대금지급일은 20일 이전이나 인테리어 등의 용역제공 완료일이 사업자등록 신청일로부터 역산하여 20일 이내인 경우에는 당해 용역제공완료일을 작성연월일로 하여 세금계산서를 발급받으면 매입세액을 공제받을 수 있다.

⟳ 세금계산서 수취 후 20일이 공휴일이어서 다음날 사업자등록을 신청한 경우 매입세액공제 여부

또한, 사업자가 사업을 개시하면서 적법하게 세금계산서를 수취한 후 20일이 되는 날이 공휴일·토요일이어서 그 다음 날에

사업자등록을 신청한 경우 당해 세금계산서는 사업자등록 신청
일로부터 역산하여 20일 이내의 것에 해당하는 것으로 본다. (서
면3팀-858, 2007.03.21)

⟳ 사업자등록을 사업개시 20일을 초과하여 신청한 경우

사업개시일로부터 20일 이상이 초과한 시점에 사업자등록을
신청하여 쟁점매입세액이 등록 전 매입세액에 해당되는 경우,
세법 무지와 업무착오 등의 사유만으로 쟁점매입세액을 공제 할
수는 없다. (조심 2010서215, 2010.2.24)

 **공동매입의 세금계산서 발행**

　　공동매입 등에 대한 세금계산서의 발급이 가능한 경우는 다음
과 같다.

① 전기사업법에 의한 전기사업자가 전력을 공급하면서 전력을
　　공급받는 명의자와 전력을 실지로 소비하는 자가 서로 다른
　　경우

② 동업자가 조직한 조합 또는 이에 유사한 단체가 그 조합원
　　기타 구성원을 위하여 재화 또는 용역을 공급하거나 공급받
　　는 경우

③ 국가를 당사자로 하는 계약에 관한 법률에 의한 공동도급계
　　약에 의하여 용역을 공급하고 그 공동수급체의 대표자가 그
　　대가를 지급받는 경우

④ 도시가스사업법에 의한 도시가스사업자가 도시가스를 공급하
　　면서 도시가스를 공급받는 명의자와 도시가스를 실지로 소비
　　하는 자가 서로 다른 경우

　　전력 등을 공동으로 사용하면서 세금계산서는 그 중 한 사업
자의 명의로 모두 발급될 때 당해 명의자는 그 발급받은 세금계
산서에 기재된 공급가액의 범위 안에서 전력 등을 실지로 소비
하는 자를 공급받는 자로 하여 세금계산서를 발급할 수 있다.

이때 전기사업자로부터 세금계산서를 발급받은 사업자가 간이과세자·비영리단체·면세사업자인 경우에도 전력을 실지로 소비하는 자에게 세금계산서를 발급할 수 있다.[1]

⏻ 공동매입에 대한 세금계산서 발행방법

공동매입으로 교부받은 세금계산서의 공급가액 범위 내에서 실제 비용을 부담한 조합원들에게 세금계산서를 교부할 수 있는 것이며, 이 경우 조합원에게 세금계산서를 발행하는 시기는 공동매입 세금계산서상의 작성연월일로 한다.[2]

⏻ 공동매입에 대한 세금계산서 발행시기

공동매입에 대한 세금계산서는 동 비용의 공급받은 날을 작성연월일로 교부하는 것이며, 월합계세금계산서 교부 특례 규정을 적용할 수 있다.[3]

▶ 관련법규

1) 부칙 제18조)
2) 부가 3167, 2008.9.19
3) 서면3팀 3139, 2007.11.19

 **8 세금계산서 발행을 요구해야 하는 사업자**

1 사업자에게 세금계산서 발행 요구

소매업 또는 음식업 등은 재화 또는 용역을 공급받은 사업자가 사업자등록증을 제시하고 세금계산서를 요구하면 세금계산서를 발급하도록 세법에서 규정하고 있다.

다음의 사업자는 공급받는 자가 세금계산서 발행을 요구하면 세금계산서를 발급하여야 한다.[1]

① 소매업

② 음식점업(다과점업)

③ 숙박업

④ 여객운송업 중 전세버스운송사업

⑤ 변호사업, 변리사업, 법무사업, 공인회계사업, 세무사업, 약사업, 한약사업 등 전문직용역과 행정사업(사업자에게 공급하는 것은 제외)

⑥ 우체국의 부가우편업무 중 소포우편물을 방문접수하여 배달하는 용역을 공급하는 사업

⑦ 도정업, 제분업 중 떡방아간

⑧ 양복점업 · 양장점업 · 양화점업

⑨ 주거용 건물공급업(주거용 건물을 자영건설업 포함)

⑩ 운수업 및 주차장운영업

⑪ 부동산중개업

⑫ 사회서비스업 및 개인서비스업

⑬ 전기사업자가 산업용이 아닌 전력을 공급하는 경우

⑭ 전기통신사업자가 전기통신역무을 제공하는 경우

⑮ 도시가스사업자가 산업용이 아닌 도시가스를 공급하는 경우

⑯ 한국지역난방공사가 산업용이 아닌 열을 공급하는 경우

⑰ 방송사업자가 사업자가 아닌 자에게 방송용역을 제공하는 경우

② 매입세액 공제 여부

위의 사업자로부터 신용카드매출전표, 현금영수증, 세금계산서를 발급받으면 부가가치세 매입세액공제가 가능하다(접대비, 비영업용 승용자동차관련비용, 업무무관경비, 면세관련 매입비용은 제외한다.). 그러므로 부가가치세 매입세액을 공제받기 위해서는 상대방이 일반과세사업자이고 현금을 지급하는 경우에는 현금영수증이나 세금계산서 발행을 요청하여야 한다.

전기료 또는 통신료 등은 지로용지에 공급받는 자의 사업자등록번호가 기재되어 있어야 하며, 기재되어 있지 않으면 법정지출증빙서류가 아니므로 매입세액을 공제를 받지 못한다.

③ 세금계산서 발행가능 여부

○ 자동차대여업의 영수증 교부대상 여부

자동차대여(렌트가)업을 영위하는 사업자가 자동차를 대여하는 경우에 부가가치세시행령 제79조의2의 규정에 의하여 영수증을 교부하는 것이나, 당해 자동차를 대여받는 자가 사업자등록증을 제시하고 세금계산서의 교부를 요구하는 때에는 세금계산서를 교부하여야 한다.[2]

○ 자동차정비업의 영수증 교부 여부

자동차정비업을 영위하는 사업자가 자동차수리용역을 제공하고 대가를 받는 경우에는 영수증을 교부한다(사회서비스업과 개인서비스업에 해당). 다만, 당해 용역을 공급받는 자가 사업자등록증을 제시하고 세금계산서의 교부를 요구하는 때에는 당해 용역공급에 대하여 세금계산서를 교부하여야 한다.[3]

▶ 관련법규

1) 부령 제79조의2③
2) 부가 46015-2126, 2000.9.1
3) 서면3팀 1591, 2007.5.25

 # 세금계산서를 발행할 수 없는 사업자

1 세금계산서 발행불가 사업자

공급받는 사업자가 발행을 요청하더라도 세법상 사업자 유형에 따라 세금계산서 발행이 불가한 사업자는 다음과 같다.

① 면세사업자

② 비영리단체

③ 간이과세자

④ 여객운송업(전세버스운송업 제외)

⑤ 목욕·이발·미용업

⑥ 입장권을 발행하여 영위하는 사업

⑦ 기타 세금계산서 발행이 불가한 사업자

위의 사업자는 세법상 세금계산서를 발급할 수 없지만, 사업자(면세사업자, 비영리단체, 간이과세자 제외)가 감가상각자산 또는 주사업과 관련 없는 업무를 공급하는 경우에 공급받는 사업자가 사업자등록증을 제시하고 세금계산서의 발급을 요구하는 때에는 세금계산서를 발급하여야 한다.[1]

② 부가가치세 매입세액공제 불가

위 사업자는 신용카드 등을 사용하거나 현금영수증을 발급받더라도 부가가치세 매입세액은 공제받을 수 없다.[2]

KTX나 고속버스를 운행하는 사업자는 일반과세자이므로 공급받는 사업자로부터 공급가액 외에 부가가치세를 추가로 받지만 공급받는 사업자는 세금계산서를 발급받을 수 없고 신용카드 등을 사용하더라도 부가가치세를 납부세액에서 공제할 수 없다.

국세청장이 정하여 고시한 전산발매통합관리시스템에 가입한 사업자로부터 입장권·승차권·승선권 등을 구입하여 용역을 제공받은 경우에는 법정지출증빙을 받지 아니한 경우에도 증빙불비가산세를 적용하지 않는다.

○ 항공권 구매 신용카드매출전표의 신용카드매입세액 공제 여부

사업자가 항공기에 의한 여객운송업을 영위하는 사업자로부터 신용카드로 항공권(전세의 경우 제외)을 구입하고 신용카드매출전표를 교부받은 경우에는 부가가치세 매입세액공제가 적용되지 아니한다.[3]

③ 세금계산서 발행대상 거래

○ 입장권발행 사업자의 세금계산서 발행대상 거래

입장권을 발행하여 사업을 영위하는 사업자가 이동통신사 회원카드를 소지한 회원에게 용역을 제공하면서 용역의 공급가액에서 일정금액을 에누리하여 주고 그 에누리액 중 일부를 이동

통신사로부터 받는 경우에 이동통신사로부터 받는 금액에 대하여는 세금계산서를 교부할 수 있다.[4]

사업자가 입장권을 발행하여 사업을 영위하는 경우에는 영수증을 교부하여야 하며, 세금계산서를 교부할 수 없다.[5]

⏻ 입장권 등을 구입하여 판매하는 경우 부가가치세 과세대상 여부

사업자가 영화를 관람할 수 있는 입장권(영화티켓 포함) 등을 구입하여 판매하는 것은 부가가치세법 제1조의 과세대상에 해당하지 아니하는 것이므로 세금계산서 교부대상이 아니다. 다만, 입장권 등 판매의 주선·중개용역을 제공하는 경우에는 부가가치세가 과세되는 것이다.[6]

▷ 관련법규

1) 부가령 제79조의2④항
2) 부가령 제79조의2③항
3) 부가 46015-1217, 1995.7.11
4) 서면3팀 460, 2008.3.3
5) 부가 46015-2776, 1999.9.10
6) 서면3팀 619, 2007.2.23

신용카드 사용분의 세금계산서 발행

① 세금계산서 발급 후 신용카드 결제

세금계산서 발급 후 신용카드로 결제하는 경우와 타인(직원, 가족제외)신용카드 사용하는 경우에 세금계산서의 발급이 가능하다.

재화 또는 용역을 공급받으면서 신용카드 등으로 구매한 경우에는 세금계산서를 발급받을 수 없다. 그러나 외상으로 구매하여 세금계산서를 발급받은 때 당해 외상대금을 신용카드 등으로 결제할 수 있다.

즉, 신용카드결제보다 세금계산서가 먼저 발행된 경우에는 신용카드전표와 세금계산서가 모두 발행될 수 있다. 이런 경우에 당해 외상매출대금을 신용카드매출전표의 여백 또는 이면에 "○○년 ○○월 ○○일 세금계산서 발행분"으로 기재하여 교부하여야 한다.[1]

월합계세금계산서를 발급받고 신용카드 등으로 대금결제를 할 수 있으나, 신용카드매출전표 등을 발급받은 후에는 신용카드매출전표를 발급받은 분에 대하여는 월합계세금계산서를 발급받을 수는 없다.[2]

❷ 신용카드매출전표와 세금계산서 중복 발행의 세무신고

소매업 등 최종소비자를 상대로 하는 사업자가 부가가치세가 과세되는 재화 또는 용역을 공급하고 신용카드매출전표 등을 발행한 경우에는 세금계산서를 교부할 수 없다. 다만, 이 경우 세금계산서와 신용카드매출전표를 중복으로 교부한 경우에는 세금계산서를 기준으로 부가가치세를 신고·납부하여야 하는 것이며, 중복 교부에 따른 가산세는 적용대상에서 제외된다.[3]

❸ 결제대행업체의 신용카드결제 시 세금계산서 발행 여부

일반과세자인 사업자가 인터넷으로 주문받아 부가가치세가 과세하는 재화 또는 용역을 공급하고 그 공급시기에 결제대행업체를 통한 신용카드매출전표를 발행한 경우에는 세금계산서를 교부할 수 없다.

이 경우 인터넷에 의하여 신용카드매출전표를 발행한 경우에 당해 재화 또는 용역을 공급받은 자가 신용카드매출전표를 출력·보관하고 있는 경우에 신용카드매출전표상에 구분 기재된 부가가치세액(구분 기재되지 아니한 경우에는 발행금액의 110분의 10에 상당하는 금액)은 매입세액에서 공제할 수 있다.[4]

❹ 타인의 신용카드를 업무와 관련하여 사용한 경우

타인(종업원 및 가족 제외)의 신용카드를 업무와 관련하여 사용한 경우에는 당해 신용카드매출전표로는 부가가치세 매입세액을 공제 또는 환급을 받을 수 없다. 부가가치세 매입세액의 공제 또는 환급을 받기 위하여는 거래상대방에게 세금계산서의 발급을 요구하고, 거래상대방이 신용카드 명의자(종업원 및 가족 제외)와 사업자등록증상의 대표자가 다른 것으로 확인한 후에 발급받을 수 있다.[5]

⟳ 타인의 신용카드결제 이면확인 시 매입세액공제 여부

타인(종업원 및 가족 제외)의 신용카드로 그 대금을 결제하고 공급자로부터 신용카드매출전표에 공급받는 자의 사업자등록번호와 부가가치세액을 별도로 기재하여 확인을 받은 경우에도 동 신용카드매출전표에 기재된 부가가치세액은 공제할 수 있는 매입세액에 해당하지 아니한다.[6]

▶ 관련법규

1) 서면3팀 438, 2004.3.8
2) 법규부가 2010-122, 2010.5.17
3) 서면3팀 1916, 2004.9.17
4) 서면3팀 438, 2004.3.8
5) 서면3팀 1912, 2007.7.5
6) 서면3팀 1857, 2004.9.7

 ## 위탁판매의 세금계산서 발행

　　위탁판매란 수탁자가 재화 또는 용역을 공급하지만 당해 재화 등의 거래에 따르는 위험부담(환불, 교환 등) 및 재고자산에 대한 관리 등의 부담은 재화 등을 공급하는 위탁자가 부담하는 형태의 사업자로서 당해 위험부담 등을 직접 부담하는 도·소매업과는 구분된다.

1 위탁판매 시 세금계산서의 발행사항

　　위탁판매 시 재화 또는 용역의 공급에 대한 세금계산서 발행은 다음과 같이 발행한다.

① 세금계산서 발행시기 : 수탁자가 구매자에게 재화 또는 용역을 공급하는 때

② 세금계산서상의 공급하는 자 : 위탁자 (수탁자의 사업자등록번호를 부기)

③ 위탁자가 수탁자에게 재화 등을 위탁할 때의 세금계산서 발급여부 : 재화의 공급에 해당하지 않으므로 발급하지 않는다.[1]

※ 위탁자는 수탁자로부터 위탁수수료에 해당하는 금액에 대하여만 세금계산서를 발급받는다.

2 위·수탁 판매의 신용카드매출전표 발행

위·수탁판매의 경우 당해 판매 대가를 신용카드로 결제받는 경우 위탁자와의 위·수탁판매에 관한 명시적인 계약내용과 세금계산서 교부 등이 관련장부의 기장내용과 증빙서류 등에 의해 위·수탁판매 대가임이 확인 가능할 때에는 판매대금 영수용도에 한해 수탁자의 명의로 매출전표를 상대방에게 교부할 수 있다.

이 경우 수탁자의 부가가치세 과세표준은 위탁자로부터 받기로 한 수수료로 하며, 위탁자의 부가가치세 과세표준은 당해 수수료를 포함한 재화의 공급에 대한 대가(다만, 부가가치세는 제외함) 전체금액으로 한다.[2]

◑ 수탁물품 신용카드매출 판매분의 세금계산서 발행 여부

인터넷쇼핑몰을 운영하는 사업자가 재화를 수탁받아 인터넷쇼핑몰을 통하여 판매하고 그 공급시기에 결제대행업체를 통한 신용카드매출전표를 교부한 경우에도 재화를 공급받은 사업자가 세금계산서 교부를 요구하는 경우에는 세금계산서를 교부하여야 한다.[3]

▷ 관련법규

  1) 부가 1368, 2010.10.14
  2) 서면3팀 2652, 2007.9.20
  3) 상담3팀 1310, 2004.7.7

 **사업자단위과세 적용사업자의 세금계산서**

1 사업자단위과세 적용사업자 신청과 승인

신청대상자	신청방법	승인 후 효과	포기신청
사업자단위과 세 적용을 받 는 사업자	신규 사업장 추가시 신청 없이 자동으로 사업자단위 과세 적용	종된 사 업장의 사업자 등록번 호 없어 짐	·과세기간 개 시 20일전에 포기신청 · ·포기시 다음 과세기간부 터 각사업장 별 또는 주 사업장 총괄 납부 적용
기존 2개 이상 사업장을 운영	다음 과세기간 개시 20일전 까지 신청		
단일사업장 운 영 중 사업장 추가	신규사업장을 별도로 사업 자등록 후에 다음 과세기 간 개시 20일전까지 신청		
신규로 복수사 업장 등록	사업자등록 신청시 신청		

2 본사 또는 주사업장 세금계산서 발행과 수취

사업자단위과세를 적용받으면 법인의 본사(개인은 주사업장)에서 일괄하여 세금계산서를 수취하여 신고·납부할 수 있다.[1]

사업자단위과세란 동일한 사업자에게 2개 이상의 사업장이 있는 경우 사업자의 본점 등에서 일괄하여 신고·납부하는 제도로서 사업자단위과세가 적용되면 종된사업장의 사업자등록번호는 없어지고, 본점이나 주사무소의 사업자등록번호로 단일화 되는 제도이다.

사업자단위과세를 적용받으면 전사업장에 대하여 사업자단위과세를 적용받는 것으로서 일부사업장에 대하여 별도로 사업자등록증을 발급받아 신고·납부할 수는 없다.

⏻ 지사 또는 부 사업장의 세금계산서 발급과 부실기재

사업자단위과세사업자의 종된 사업장에서 매출이 발생하는 경우 세금계산서는 본사 또는 주사업장의 상호·소재지 등을 기재하고,[비고]란에 실제 공급하는 종된 사업장의 상호와 소재지를 기재한다.[2]

사업자단위과세적용사업자로 등록한 이후 세금계산서 교부시 [비고]란에 임의적 기재사항을 기재하지 않거나 사실과 다르게 기재한 경우, 가산세가 적용되지 않는다.[3]

3 사업자단위과세 적용 신청

사업자단위과세를 적용받기 위해서는 다음의 기간 내에 승인신청을 관할 세무서장에게 하여야 한다. 사업장단위과세를 포기하려면 과세기간개시 20일 전에 포기신고서를 제출하여야 한다.[4]

① 기존에 2개 이상의 사업장이 있는 경우로서 사업자단위과세를 신청하는 경우

: 과세기간 개시 20일전까지. 즉 과세기간 개시일인 1월1일 또는 7월1일 이전 20일 전까지인 12월 11일 또는 6월 10일까지 신청하여야 한다.

② 사업자단위과세를 적용받고 있는 사업자가 추가로 사업장을 개설하는 경우

: 사업자단위과세를 적용받는 사업자가 종된사업장을 하나 더 추가하는 경우에는 추가되는 종된사업장에 대한 사업자등록신청을 할 필요는 없고 정정신고만 하면 된다.

③ 신규로 복수사업장을 개업하는 경우

: 사업자등록 신청시 사업자단위과세 등록(2개 이상의 사업장을 동시에 신규 등록하는 경우에 한함)을 할 수 있다.

④ 단일사업장을 운영하다가 사업장을 신규로 추가하는 경우

: 신규로 사업장을 추가하여 사업장단위과세를 신청하려면 신규 사업장에 대한 사업자등록을 한 후에 다음 과세기간 개시 20일전에 사업자단위과세의 승인신청을 하여야 한다. 따라서 신규사업장에 대하여는 사업자등록을 한 과세기간에 대하여는 별도로 신고 · 납부하여야 한다.

4 사업자단위과세 사업자의 세액공제

○ 사업자단위과세사업자의 신용카드 등 사용에 따른 세액공제

신용카드 등의 사용에 따른 세액공제 등을 적용받는 사업자의 경우에는 사업자단위과세를 적용받지 않으면 각각의 사업장별로 연간 7백만원을 한도로 신용카드 등의 사용에 따른 세액공제를 적용받으나, 사업자단위과세를 적용받으면 전 사업장을 합하여 연간 7백만원 한도로 세액공제를 받는 것이므로 사업자단위과세를 적용하면 세액공제에서 불이익을 받을 수 있다.[5]

▷ 관련법규

1) 부법 제4조②항, 제5조, 부령 제7조, 제11조의2
2) 부가-170, 2010.2.8
3) 법인 2010-270, 2010.9.17
4) 부법 제5조②③항, 제11조의2①항
5). 전자세원 381, 2010.6.28

 # 2이상 사업장의 세금계산서 발행

❶ 세금계산서 발행 및 수취 원칙

세금계산서의 수취는 사업장별로 공급받은 재화와 용역에 대하여 각각 수취하여야 한다. 따라서 법인이 지점과 관련된 세금계산서를 본점에서 발급받거나, 개인사업자가 재화 또는 용역을 공급받은 사업장 이외의 본인 명의의 다른 사업장으로 하여 세금계산서를 발급받으면 매입세액을 공제할 수 없다.

❷ 본점에서 일괄적으로 관리하는 경우

사업장이 2개 이상인 법인사업자가 지점(공장)에서 사용 및 소비할 재화를 본점에서 계약, 발주, 대금결제 등을 일괄적으로 하고 재화는 실질적으로 소비하는 지점으로 인도하는 경우에는 세금계산서를 본사 또는 지점 어느 쪽으로도 발급받을 수 있다.[1]

이 경우 본사에서 세금계산서를 일괄하여 교부받은 경우에는 각 직매장으로 세금계산서(총괄납부승인을 받은 사업자의 경우에는 거래명세서)를 교부하여야 한다.

③ 직접판매 목적으로 다른 사업장에 반출하는 경우

2 이상의 사업장이 있는 사업자가 자기사업과 관련하여 생산 또는 취득한 재화를 타인에게 직접 판매할 목적으로 다른 사업장에 반출하는 경우에는 세금계산서를 발행하여야 한다. 다만, 총괄납부승인 또는 사업자단위과세의 승인을 얻은 사업자가 총괄납부 또는 사업자단위과세의 적용을 받는 과세기간에 반출하는 것에 대하여는 세금계산서를 발행하지 않는다.

④ 지점사업자등록 전에 본점 명의로 발급받은 경우

법인사업자가 본점소재지와 다른 장소에서 지점을 설치하기 위하여 관련 세금계산서를 지점 사업자등록 전에 본점 명의로 발급받은 경우 당해 세금계산서 상의 매입세액은 매출세액에서 공제할 수 있다.[2]

⑤ 각 지점 세금계산서의 매입세액공제 여부

부가가치세는 사업장마다 신고·납부하는 것으로 2개의 사업장에서 각각 사업을 영위하는 사업자가 자기의 다른 사업장 명의로 교부받은 매입세금계산서는 본점에서 일괄하여 매입세액이 공제되지 아니한다.[3]

⑥ 수출 등 제 증명을 본사로 받은 경우

한 사업자가 본사와 공장 등 2 이상의 사업장이 있을 때 수출을 증명하는 제 증빙서류의 명의는 본사로 되어 있다 하더라도 최종제품을 완성하여 인도하는 공장에서 영세율을 적용받는 것이며, 신용장상의 명의로 되어 있는 본사가 영세율을 적용받는 경우에는 공장은 본사로 거래 징수하는 세금계산서(총괄납부 승인을 받은 사업자는 거래명세표)를 먼저 교부하여야 한다.[4]

7 본점과 지점 변경 시 세금계산서 교부

본점과 지점 등 서로 다른 2개의 사업장을 두고 사업을 영위하던 법인사업자가 본점소재지를 지점소재지로, 지점소재지를 본점 소재지로 변경하여 사업자등록정정신고를 한 경우 본·지점의 재고상품은 재화의 공급에 해당하는 것이므로, 세금계산서를 교부하여야 한다.[5]

○ 지점사업장을 매각하는 경우 세금계산서 교부

2개 이상의 사업장이 있는 법인사업자가 지점의 건물을 매각하고 지점을 폐지하는 경우 세금계산서는 지점명의로 교부하여야 한다.[6]

▷ 관련법규

1) 서면3팀 71, 2005.1.14
2) 부가 2856, 2008.9.3
3) 서면3팀 1398, 2006.7.11
4) 부가 1267, 2010.9.28
5) 서삼 46015-10050, 2004.1.9
6) 서면3팀 2885, 2006.11.22

3장

전자세금계산서의 지출증빙

 # 전자세금계산서의 발행

1 발행의무

2011년1월1일부터 법인사업자(개인사업자 중 복식부기의무자
는 2012.1.1부터)에 대하여는 전자세금계산서 발급을 의무화하였
다. (부법 제16조)

발급된 전자세금계산서의 발급명세를 국세청에 전송하여야 하
며, 전송사업자에 대하여는 전자세금계산서 발급 건당 200원을
연간 100만원의 한도에서 세액공제 할 수 있도록 하였다. 그리
고 전자세금계산서는 세금계산서를 전자적 시스템으로 발급하는
것으로 계산서는 해당하지 않는다.

전자세금계산서도 종이세금계산서와 마찬가지로 발행시기는
공급시기에 속한 달의 다음 달 10일까지이다. 다만, 가산세의
적용을 받기는 하지만 공급시기가 속한 과세기간 내에 발급받은
전자세금계산서도 부가세 매입세액을 공제받을 수 있다.

6월(12월)에 공급시기가 속한 재화 · 용역의 공급에 대한 세금
계산서 발행기한은 다음 달 7월(1월)10일까지 이다.

전자세금계산서를 의무발급하는 개인사업자의 범위를 「소득세법」에 따른 복식부기의무자에서 직전연도 공급가액이 10억원 이상인 사업자로 조정하여 매년 제2기 과세기간부터 다음 해 제1기 과세기간까지 적용한다.

따라서 2012년 1월 1일부터 2012년 6월 31일까지는 2010년도 매출액이 10억원 이상인 개인 사업자는 전자세금계산서를 의무적으로 발급하여야 하고, 2012년 7월1일부터 2013년 6월30일까지는 2011년 매출액이 10억원 이상인 개인사업자가 전자세금계산서를 의무발행하여야 한다.

전자세금계산서의 국세청 전송기한

공급시기가 속하는 달의 다음 달 15일까지 국세청에 전송하여 신고한다. 다만, 국세청 전자세금계산서 사이트에서 전자세금계산서 발행하는 경우에는 전송한 것으로 한다.

과세되는 재화 또는 용역을 공급하고 전자세금계산서를 발급한 때에는 전자세금계산서 발급일(합계세금계산서 경우에는 작성연월일)이 속하는 달의 다음 달 15일까지 세금계산서 발급명세를 국세청장에게 전송하여야 한다. (부령 제53조의2④)

· 국세청 전자세금계산서 : www.esero.go.kr

 ## 전자세금계산서의 수신

1 전자세금계산서의 수신방법

기업에서 발행 및 수취하는 전자세금계산서의 수신과 전송은 다음과 같이 한다.[3)]

① 원칙: 공급받는 자의 이메일 계정을 통하여 수신

② 이메일이 없거나 모르는 경우: 국세청장이 구축한 전자세금 계산서 발급시스템(이세로)을 수신함으로 지정한 것으로 본다.

즉 공급받는 자가 이메일 주소를 알려주지 않아도 국세청시스템(이세로)에 전송하면 공급받은 자에게 전송한 것으로 보는 것이다. 이러한 경우 공급받는 자는 국세청시스템(이세로)에서 발급받은 전자세금계산서를 확인하여야 한다.

따라서 공급받는 자가 인터넷에 익숙하지 않은 사업자라 하면, 공급자가 전자세금계산서를 작성하여 국세청에 전송한 후 세금계산서 내용을 인쇄하여 거래처에 교부하는 방법도 이용할 수 있을 것이다.

전자세금계산서의 발행 및 수신 여부는 국세청에 전송완료한 경우 공급받는자의 수신확인 여부와 상관없이 발행 및 수신한 것으로 본다.[4]

* 공급받는 자가 이메일을 알려주지 않은 경우에도 국세청에 전송한 경우 수신한 것으로 본다.

전자세금계산서가 재화나 용역을 공급받는 자가 지정하는 수신함에 전송하거나, 수신함을 지정하지 않은 경우에는 국세청장이 구축한 전자세금계산서 발급 시스템에 입력된 때에 재화나 용역을 공급받는 자가 그 전자세금계산서를 수신한 것으로 본다. 즉, 공급받은 자의 이메일에 전송만 하면 되고 수신확인여부는 상관없다.

공급시기에 전자세금계산서를 발급받지 못하고 공급시기 이후에 공급받은 시기가 속하는 과세기간 내에 발급받은 경우에는 당해 매입세액은 공제가 가능은 하지만 지연수취에 따른 가산세(공급가액의 1%)를 추가로 납부하여야 한다.[5]

▷ 관련법규

3) 부령 제53조의2⑦
4) 부령 제53조의2⑧
5) 부령 제70조의3⑥

 ## 전자세금계산서를 발급하지 않아도 되는 사업자

1 전자세금계산서 발급유예 사업자

세법상 전자세금계산서 발급을 하지 않아도 되는 사업자는 다음과 같다.[6]

① 전기사업법에 따른 전기사업자가 산업용 전력을 공급하는 경우

② 전기통신사업법에 따른 전기통신사업자가 사업자에게 전기통신역무를 제공하는 경우. 다만, 부가통신사업자가 통신판매업자에게 전기통신사업법 제4조 제4항에 따른 부가통신역무를 제공하는 경우는 제외한다.

③ 도시가스사업법에 따른 도시가스사업자가 산업용 도시가스를 공급하는 경우

④ 집단에너지사업법에 따른 한국지역난방공사가 산업용 열을 공급하는 경우

⑤ 방송법 제2조 제3호에 따른 방송사업자가 사업자에게 방송용역을 제공하는 경우

⑥ 일반과세자가 농·어민에게 농·어업용 기자재를 공급하는

경우

⑦ 인터넷 멀티미디어 방송 제공사업자가 사업자에게 방송용역
  을 제공하는 경우

② 종이세금계산서 및 지로영수증의 발급

세법상 전자세금계산서 발급을 하지 않아도 되는 사업자는 종
전과 같이 종이세금계산서 또는 공급받은 사업자의 사업자등록
번호가 기재된 지로영수증 등을 발급하되 발급명세서는 국세청
에 전송하여야 한다.

▷ 관련법규
  6) 부령 제53조④

 ## 세금계산서합계표의 전자발급분을 기재하지 않은 경우

사업자가 전자세금계산서 발급분을 전송하고 부가가치세 신고 시 매출처별 세금계산서합계표에 기재하지 않은 경우에는 「부가가치세법」 제20조1항 단서규정에 따라 매출처별 세금계산서합계표 가산세는 적용되지 아니한다.

다만, 신고서 금액과 합계표 금액이 서로 달라 전산 오류가 발생되어 사업자가 해명해야 하는 불편함이 발생하므로, 전자세금계산서를 발급하여 전송한 분도 매출처별 세금계산서합계표 전자세금계산서 발급분으로 기재하여 제출한다.[7]

▶ 관련법규

7) 부가 1058, 2010.8.13

 ## 종이세금계산서를 발행하는 경우

전자세금계산서 의무발행사업자가 전자세금계산서를 발행하지 않고 종이세금계산서를 발행한 경우 가산세의 적용을 받는다.

전자세금계산서 의무발행사업자가 전자세금계산서를 발행하지 않고 종이세금계산서를 발행한 경우라 하더라도, 실제 거래사실이 있었다면 공급받는 자는 매입세액 공제를 받을 수 있고 공급자 역시 매출세금계산서로는 인정된다.

그러나 전자세금계산서를 발행하지 않았으므로 가산세의 적용을 받는다.

7 전자세금계산서 미발행·미전송 가산세

1 미발행 가산세

법인사업자(개인사업자 복식부기의무자는 2012년 1월 1일부터)가 전자세금계산서를 발행하지 않은 경우에 미발행가산세로 공급가액의 2%의 가산세를 적용받는다.[8]

2 미전송 가산세

또한, 전자세금계산서는 발행하였으나 전자세금계산서 발급명세를 공급시기가 속한 다음 달 15일까지 전송하지 않은 경우에는 다음과 같이 가산세의 적용을 받는다.[9]

① 과세기간 말의 다음 달 15일까지도 국세청에 전송하지 않은 경우 : 공급가액의 1% 가산세 적용 (유예기간)
  · 법인사업자 : 0.3% (2012년 12월 31일까지 적용)
  · 개인사업자 : 0.3% (2012년부터 2013년까지 적용)
② 과세기간 말의 다음 달 15일까지 국세청에 전송한 경우 : 공급가액의 0.5% 가산세
  · 법인사업자 : 0.1% (2012년12월31일까지 적용)
  · 개인사업자 : 0.1% (2012년부터 2013년까지 적용)

③ 가산세 계산사례

○ 4월15일 공급한 재화에 대한 전자세금계산서 관련 가산세

　A: 미발행가산세(2%)　　B: 지연발행가산세(1%),

　C: 지연수취가산세(1%)　D: 전자세금계산서미전송가산세(1%)

　E: 전자세금계산서 지연전송가산세(0.5%)

작 성 연월일	전자세금 계산서 발급시기	국세청 전송일자	가산세		가산세 적용 사유
			공급자	매입자	
4월 15일 ~ 4월 30일	4월 15일 ~ 5월 10일	4월15일 ~5월15일	없음	없음	
		5월16일 ~ 7월15일	E	없음	국세청전송기한(다음 달15일)경과 후 과세기간 말 다음 달 15일내 전송
		7월16일 이후또는 미전송	D	없음	과세기간 말 다음 달 15일까지 미전송
	5월11일 ~ 6월30일	전송일 무관	B	C	발행시기(5월10일)경과 후 동일 과세기간 내 발급
	7월1일 이후	전송일 무관	A	없음	동일 과세기간내 미발급이므로 매입자는 가산세적용이 아니라 매입세액을 공제받지 못함
5월1일이 후	무관	전송일 무관	A	없음	작성연월일이 공급시기 해당 월이 아니므로 미발행에 해당되며 매입자는 매입세액을 공제받지 못함

> 📎 **관련법규**

　8) 부법 제22조③1
　9) 부법 제22조②2,3

4장

계산서의 지출증빙

1 계산서를 발행할 수 있는 사업자

「계산서」는 부가가치세가 면제되는 물품 등을 공급하는 사업자가 발행하는 법정지출증빙서류이다.

부가가치 면세사업자는 부가가치세법에서 정한 면세물품 등을 공급하고, 공급대가에 대하여 계산서, 영수증, 현금영수증, 신용카드매출전표 등을 발행할 수 있으나, 세금계산서는 발행할 수 없다.

면세 물품 등을 공급하고 계산서를 발행할 수 있는 사업자는 다음과 같다.

① 부가가치세 면세사업자

② 일반사업자 (면세사업 겸영 사업등록자)

③ 간이과세자 (면세물품 판매할 때)

② 부가가치세 면세대상 물품 등

부가가치세법에서 정한 면세대상 물품과 용역 등은 다음과 같다. (부법 제12조)

① 농산물, 축산물, 수산물, 임산물

② 교육용역

③ 여객운송용역

④ 도서, 신문, 잡지

⑤ 우표, 인지, 증지

⑥ 금융보험용역

⑦ 입장료 (도서관, 과학관, 박물관, 미술관, 동물원, 식물원)

⑧ 의료보건용역

⑨ 저술 등 인적용역

⑩ 국가 등에 공급하는 물품 및 용역 등

⑪ 국민주택 건설 및 임대 등

⑫ 수돗물, 연탄, 여성위생용품, 담배, 기타 등

 ## 면세사업자의 계산서 발행

계산서를 발행하는 부가가치세 면세대상은 부가가치세법과 조세특례제한법에 규정하고 있으며 면세사업자의 면세사업과 면세대상 물품을 요약하면 다음과 같다.

≪면세사업과 면세대상 물품≫

면세사업자	면세대상
① 농수산물 도소매업 등	미가공식료품 등
② 금융업 등	금융보험 등
③ 학원 등	교육용역, 강습 등
④ 출판업, 서점업 등	도서, 신문, 잡지, 통신, 방송 등
⑤ 의료업 등	의원, 병원 등
⑥ 자문업, 변호사 등	학술용역, 기술용역업, 법률자문 등
⑦ 시내버스 사업 등	여객운송용역 등
⑧ 단체급식업	공장, 구내식당, 학교 급식용역
⑨ 국민주택 건설용역업	국민주택 건설 등
⑩ 기타 면세사업	도서관, 미술관 등

1 농수산물 도소매업자 등

식용으로 사용하는 농축수임산물을 포함한 미가공식료품과 우리나라에서 생산한 농축수임산물은 부가가치세를 면세대상이다. 그러므로 가공하지 않은 상태로 판매하는 농산물가게, 채소가게, 생선가게 등 식료품점과 꽃집 등은 부가가치세 면세사업자이다. 하지만, 농축수임산물 등을 가공·포장한 상태의 공산품을 판매하면 부가가치세를 과세한다. 그러므로 이와 같은 쌀, 야채, 생선 등 미가공식료품 외에 양념육, 포장가공김치 등 가공식품이나 공산품 등을 함께 판매하는 가게는 관할 세무서에 부가가치세 과세사업과 면세사업을 겸영하는 겸영사업자로 등록한 사업자이다.

2 금융기관 등

은행, 증권회사, 보험회사, 신용금고, 여신전문금융기관(신용카드회사, 리스회사. 캐피탈회사 등)이 제공하는 금융보험용역은 부가가치세 면제대상이다.

부가가치세가 면제되는 용역에는 전당포업, 금전대부업(대금업), 등록된 투자자문업, 인가받은 보험대리점업 등이 포함되며 금융보험업을 주된 사업으로 하지 않는 사업자가 주된 사업에 부수하여 금융보험용역과 동일 유사한 용역을 제공하는 경우에는 금융, 보험용역에 포함되는 것으로 보아 부가가치세를 면제한다.

3 병의원 등

부가가치세가 면세되는 의료보건용역에는 의료법 규정에 의한 의사, 치과의사, 간호사 등이 제공하는 용역과 약사법에 의한 약사가 제공하는 의약품조제용역, 수의사법에 의한 수의사가 제공하는 용역, 장의용역 등이 있으며 관련법에 의한 묘지 및 화장업 관련 용역, 응급환자 이송용역, 소독용역, 오물처리용역, 폐기물처리용역도 부가가치세 면세대상이다.

따라서 병원이나 한의원, 장의사 등은 부가가치세 면세사업자이다. 그러나 의약품조제용역(부가가치세 면세)과 조제하지 않은 약품을 판매(부가가치세 과세)하는 약국은 부가가치세 과세사업과 면세사업을 같이하는 겸영사업자이다.

4 학원 등

학교, 학원, 강습소, 훈련원, 교습소, 청소년수련시설 등에서 학원생 등에게 지식, 기술을 가르치는 교육용역과 평생교육법의 규정에 의하여 원격교육형태의 평생교육시설 등을 갖추어 교육부에 신고한 화상강의, 인터넷 강의 사업 등 정부의 허가 또는 인가를 받은 것에 한정하여 부가가치세가 면제된다.

따라서 무허가 및 무인가 학원과 교습소, 유아원 등 행정관청에 신고하지 않은 교육용역은 부가가치세를 과세한다.

5 자문업 등

인적용역은 개인자격뿐만 아니라 법인이나 법인격 없는 사단, 재단, 기타단체가 독립된 자격으로 용역을 공급하는 다음의 용역에 부가가치세를 면세한다.

① 중소기업창업지원법에 의한 중소기업 상담회사가 제공하는 창업상담용역
② 학술연구용역, 기술연구용역
③ 결혼상담, 인생상담, 직업재활상담과 이와 유사한 용역
④ 관계법령에 의한 국선변호, 법률구조사업
⑤ 가축 기타 동물을 훈련하는 업
⑥ 관계법령에 의한 국제금융기구로부터 받은 차관자금으로 국가 또는 지방자치단체가 시행하는 국내사업을 위하여 공급하는 용역
⑦ 기타 용역 등

6 시내버스 사업자 등

시내버스, 연안여객선 등 대중교통수단에 의한 여객운송용역은 부가가치세 면세대상이다. 그러나 택시운송업자, 전세버스, 고속버스운송업자 등은 부가가치세 과세사업자이다.

7 출판사, 서점 등

출판사, 신문사, 방송사, 서점 등은 부가가치세 면세사업자이다. 면세사업자가 공급(발행)하는 도서, 신문, 잡지, 통신용역,

방송용역의 공급은 부가가치세 면세대상이다.

그렇지만 출판사, 방송사 등이 발행하는 도서나 신문, 잡지의 공급(판매), 방송용역의 공급대가에 대해서만 부가가치세 면세대상이므로 신문, 잡지 등에 게재되는 광고용역이나 방송매체에 의한 광고의 대가로 받는 금액은 부가가치세가 과세한다. 그러므로 신문사, 잡지사, 방송사 등은 대부분 부가가치세 면세사업(도서, 잡지 등의 판매업)과 과세사업(광고업)을 같이 하는 겸영사업자이다.

면세하는 도서에는 책, 신문, 잡지 등 간행물의 형태로 출간된 내용 또는 출간될 수 있는 내용의 음향이나 영상과 함께 전자적 기록매체에 수록하여 컴퓨터 등 전자장치를 이용하여 그 내용을 보고 듣고 읽을 수 있는 것으로서 문화관광부장관이 정하는 기준에 적합한 전자출판물(다만, 음반, 비디오물 및 게임물에 관한 법률의 적용을 받는 것을 제외)을 포함한다.

8 공장 등 구내식당에서 공급하는 단체 급식업

공장, 광산, 건설사업현장, 자동차운수사업법에 의한 노선 여객, 자동차운송사업자의 사업장과 초중등교육법 및 고등교육법 규정에 의한 각급학교의 경영자가 그 종업원 또는 학생의 복리후생을 목적으로 사업장 구내식당을 직접 경영하여 공급하는 음식용역(식사용역에 한함)은 부가가치세가 면제된다. 또한, 학교급식법에 의한 학교장의 위탁을 받은 학교급식 공급업자가 위탁급식의 방법으로 당해 학교에 직접 공급하는 음식용역(식사류에 한함)도 부가가치세가 면제되는데 이 경우 위탁급식 공급업자는 매년 1월 사업장 현황 신고 시 위탁급식을 공급받은 학교장이 확인한 위탁급식 공급가액 증명서를 사업장 관할 세무서장에게 제출하여야 한다.

9 주택임대업자 등

주택(일정면적 이내의 부수토지 포함)의 임대용역은 부가가치세가 면제된다. 그러므로 임대주택사업은 부가가치세가 면제되나 상가는 주택이 아니므로 상가나 사무실을 임대하는 경우에는 부가가치세가 과세한다. 상가주택(겸용주택)은 주택부분과 상가부분을 각각 다른 사람에게 임대하는 경우 주택부분은 면세이고 상가부분은 과세한다. 다만, 겸용주택을 한 사람에게 임대하는 경우에는 주택부분이 상가부분보다 큰 경우에 상가부분은 과세되고 주택부분은 면세된다. 오피스텔은 임차자가 주거용으로 사용하면 면세적용을 받아 분양받을 때 공제받았던 매입세액의 일정부분을 납부하여야 한다(부가 1136, 2011.9.22). 또한, 토지부분만 따로 임대하면 과세한다.

10 토지분양업자 등

토지의 공급은 부가가치세 면세대상이다. 따라서 토지를 매각하는 경우에는 부가가치세가 과세되지 않지만 건물을 매각하는 경우에는 부가가치세를 과세한다. 그러므로 사업자의 지위에서 신축건물을 분양하거나 기존건물을 매각하는 경우에는 건물과 그 부속토지를 같이 공급하는 경우가 대부분이므로 토지와 건물을 동시에 매매하는 부동산매매업자는 부가가치세 과세사업과 면세사업을 같이 영위하는 겸영사업자이다.

11 국민주택 건설용역업

부가가치세가 면제되는 국민주택이란 세대당 전용면적이 85m² (약 25.7평) 이하의 상시 주거용 주택을 말한다.

따라서 주택신축판매업자는 국민주택과 국민주택규모를 초과하는 주택이나 상가를 함께 신축하여 분양하는 경우 국민주택은 부가가치세 면세, 국민주택규모를 초과하는 주택이나 상가는 부가가치세가 과세하므로 이 경우는 부가가치세 과세, 면세 겸영사업자이다.

 **간이과세자의 계산서 발행**

1 계산서 발행

간이과세자의 계산서 발행은 면세품(농산물 등)을 판매하였을 때에만 가능하며, 간이과세자가 부가가치세과 과세하는 재화나 용역을 공급하고 계산서를 발행할 수 없다. 따라서 간이과세자로부터 면세대상 재화 또는 용역을 공급받으면서 현금을 지급한 경우에는 현금영수증이나 계산서를 발급받아야 한다. 하지만, 간이과세자가 과세대상 재화 또는 용역을 공급하는 경우에는 세금계산서를 발급할 수 없다.[1]

2 계산서 발행 불가

간이과세자가 부가세가 과세하는 물품에 대하여 세금계산서, 계산서를 발행할 수 없다. 따라서 간이과세자로부터 과세 물품 및 용역을 공급받으면 현금영수증, 신용카드매출전표, 영수증 등을 발급받아야 한다.[2]

▶ 관련법규

1) 소득 46011-3261, 1999.8.18
2) 서면3팀 1518, 2004.7.27

 **4** ## 겸영사업자의 계산서 발행

1 겸영사업자란

겸영사업자란 한 사업장에서 부가가치세가 과세되는 재화나 용역을 공급(과세사업)하면서 동시에 부가가치세가 면세되는 재화나 용역을 공급(면세사업)하는 사업자이다.

예를 들면 부가가치세가 과세되는 광고업과 부가가치세가 면세되는 출판업을 함께하는 신문사, 과자와 라면 등의 공산품과 과일과 야채 등의 농산물을 함께 판매하는 양판점, 가공식품과 가공하지 않은 농산물을 생산하는 사업장, 국민주택 규모 이상의 주택을 신축하여 판매하는 건설업 등은 부가가치세가 과세되는 재화와 부가가치세가 면세되는 재화를 한 사업장에서 공급하면 겸영사업자로 분류한다.

2 겸영사업자의 면세 증빙서류

겸영사업장에서 거래되는 재화나 용역은 부가가치세가 과세되는 재화나 용역은 세금계산서를 발행하고, 부가가치세가 면세되는 재화나 용역은 계산서를 발행하는 등 구분하여 발행하여야 한다.

즉 과세사업 품목인지 면세사업 품목인지를 명확히 구분하여 거래함을 원칙으로 하고, 공급받은 재화 또는 용역이 당해 사업자가 과세사업에 대응되는 것인지 면세사업에 대응되는 것인지를 분명히 가려서 구분 경리장부에 적어야 불이익을 받지 않는다.

○ 증빙서류

· 계산서, 신용카드매출전표, 현금영수증
· 거래명세서

2 사례

○ 월 합계세금계산서 작성 시 일일거래명세표 작성방법

과세·면세 겸영사업자가 월 합계 세금계산서 교부 시 작성하는 일일 거래명세표 등은 과세분, 면세분 각각 작성하여야 한다.[1]

○ 면세사업 관련 매입세액계산과 초과환급신고 시 가산세 여부

사업자가 과세사업과 면세사업을 겸영하는 경우에 면세사업에 관련된 매입세액의 계산은 실지귀속에 따라하되 그 귀속이 불분명한 경우에는 당해 과세기간의 공급가액 비율 등으로 안분계산하며, 초과환급신고 시 신고불성실가산세를 적용한다.[2]

○ 과세사업과 면세사업 겸영사업자의 매입세액의 공제방법

과세·면세 겸영사업자의 경우 공급받은 재화 또는 용역의 사용처가 과세사업과 면세사업으로 분명히 구분되는 때에는 그 매입세액을 실지귀속에 따라 전액 공제하거나 불공제하는 것이나,

과세사업과 면세사업에 공통으로 사용되어 실지귀속을 구분할 수 없는 매입세액은 안분 계산한다.[3]

○ 면세관련 매입세액 공제받는 경우 가산세 적용되는지 여부

  과·면세 겸영사업자가 면세사업과 관련된 매입세액을 공제받아 환급받은 경우 납부불성실가산세를 적용한다.[4]

○ 공통매입세액 안분계산 시 총 공급가액과 면세공급가액의 범위

  과·면세 겸영사업자가 공통매입세액 중 면세사업에 관련된 매입세액을 계산함에 있어 외화환산이익과 지분법평가이익은 총 공급가액 및 면세공급가액에 포함하지 아니하는 것이며, 부가가치세 과세표준에 포함하지 아니하는 국고보조금은 총 공급가액에 포함하지 아니한다.[5]

▶ 관련법규

  1) 부법 제16조, 부령 제54조
  2) 부법 제22조, 부령 제61조
  3) 상담3팀 2202, 2005.12.5
  4) 제도 46015-12279, 2001.7.20
  5) 부가 596, 2009.4.27

 **영세율과 면세의 차이**

영세율이란 부가가치세를 완전하게 면제해주는 제도로 영세율로 매출이 이루어지는 경우에는 이와 관련된 매입에 포함되어있는 부가가치세를 납부세액에서 공제하거나 환급받을 수 있는 반면에, 면세는 부가가치세가 완전하게 제거되지 못하는 부분면제로서 매출에 대한 부가가치세를 부담하지 않는 것은 영세율과 같으나 면세매출과 관련된 매입에 포함되어 있는 부가가치세는 납부세액에서 공제받거나 환급받을 수 없는 점이 영세율과 다르다.

이같이 영세율은 부가가치세를 완전히 면제해주는 제도이기 때문에 세액란이 '0' 원인 세금계산서를 발급하지만, 면세는 부가가치세법 자체를 적용하지 않는 제도이므로 법인세법 또는 소득세법상의 계산서를 발급한다.

영세율은 주로 외화획득과 관련된 매출에 대하여 적용하고, 면세는 주로 농·수·축산물, 국민기초생필품, 후생용역 등에 적용된다.

1 부수거래의 범위

부수 재화 또는 용역의 범위	구체적 사례
·해당 대가가 주된 거래인 공급 대가에 통상적으로 포함되어 공급되는 재화·용역	·공급하는 재화의 포장용기 및 운반용역 ·조경공사용역을 공급하면서 제공하는 수목, 화초(과세)
·거래의 관행상 통상적으로 주된 거래에 부수되어 공급되는 것으로 인정되는 재화·용역	·항공기 내에서 무상으로 제공되는 식사 ·가전제품 판매 후 일정 기간 제공하는 사후무료서비스용역
·주된 사업과 관련하여 일시적, 우발적으로 공급되는 재화·용역	·금융업자가 면세사업에 사용하던 건축물 양도(면세)
·주된 사업과 관련하여 주된 재화의 생산에 필수적으로 부수되어 생산되는 재화	·복숭아 통조림을 제조하는 사업자가 판매하는 복숭아 씨(과세) ·옥수수를 원료로 전분을 제조하는 과정에서 생산되는 옥피 등(과세)

주된 거래인 재화 또는 용역의 공급에 부수되어 공급되는 재화 또는 용역은 주된 거래인 재화 또는 용역의 공급에 포함되는 것이므로 주된 재화 또는 용역의 공급을 기준으로 부수된 재화 또는 용역의 부가가치세 과세 여부가 결정된다.

따라서 부수재화를 공급받을 때에는 부수재화가 면세 또는 과세물품인지의 여부는 묻지 않고 주된 거래에 따라 세금계산서 또는 계산서를 발급받아야 한다.[1]

3 판단사례

○ 금융업 청산으로 부동산을 매각하는 경우 부가가치세 과세 여부

금융기관이 파산법에 따라 파산재단을 구성하고 재단이 퇴출당한 금융기관의 잔여재산 처분업무 등 금융기관의 파산절차상 업무를 수행하는 경우, 부가가치세 면제 여부는 금융기관이 공급하던 금융업의 범위와 동일하게 적용한다.[2]

○ 도서와 함께 공급하는 리더기 등이 도서의 부수재화에 해당 여부

사업자가 특수인식코드가 인쇄된 영어학습용 도서를 주된 재화로 하고 당해 도서에 인쇄된 특수인식코드를 인식하여 영어단어, 문장 등 당해 도서의 내용을 재생하여 주는 학습도구를 부수하여 통상 하나의 공급단위로 공급하는 경우에는 당해 학습도구가 부수재화에 해당하여 부가가치세가 면제되는 것이나, 면세하는 도서와는 달리 독립적으로 활용 가능한 학습도구를 함께

판매하는 경우 그 중 어느 재화가 주된 재화이고 어느 재화가 부수재화인지 구분이 어렵고 그 공급가액이 별도로 구분 표시되어 사실상 별개의 재화 공급으로 간주할 수 있으면 각각 구분하여 도서는 면세되고, 학습도구는 부가가치세가 과세하게 된다.[3]

○ 주간학습지 판매업자가 부수재화인 CD의 내용을 홈페이지에서 제공하는 경우

부수재화인 CD의 내용을 홈페이지에서 제공하려는 경우에는 통상 하나의 단위로 공급(별도판매하지 않음)되고 홈페이지 가입이·학습지구독 신청자에 대하여만 승인이 이루어지며 CD에 수록된 내용에 한하여 제공되었을 때 부가가치세가 면제되는 것이다.[4]

○ 부수 재화 또는 용역의 범위

용역의 대가가 재화의 공급대가와 구분된 경우에도 당해 용역이 당해 완제품의 공급에 필수적으로 부수되는 것으로 확인되는 경우에는 주된 거래인 재화의 공급에 포함되는 것이다.[5]

▷ 관련법규

1) 부가법 제1조④항
2) 서삼 46015-11000, 2002.6.17
3) 부가 46015-331, 2001.2.22
4) 부가-1998, 2008.07.15
5) 서면3팀 828, 2008.4.25

7. 사업소득의 지출증빙

1. 발행

원천징수의무자가 원천징수 대상 사업소득을 지급할 때에는 그 지급금액에 원천징수세율을 적용하여 계산한 소득세를 원천징수하고, 그 사업소득의 금액과 그 밖에 필요한 사항을 기재한 원천징수영수증을 사업소득자에게 발급하여야 한다. 이때 용역을 공급한 자는 원천징수의무자에게 계산서를 발행한 것으로 본다.[1]

따라서 사업자가 원천징수영수증을 교부한 경우에는 계산서를 교부받은 것으로 보는 것이므로 그 원천징수영수증에 대하여도 매입처별 계산서합계표를 제출하여야 한다.[2]

2. 제출

법인이 원천징수영수증을 발행한 경우에는 계산서를 공급받은 것으로 보아 매입처별 계산서합계표에 이를 포함하여 작성하여야 한다.[3]

▶ 관련법규

1) 소법 제211조⑤항   2) 법준 121-164-5
3) 법인 57, 2010.1.15

5장

신용카드매출전표의 지출증빙

 # 신용카드매출전표의 종류

1 종류

지출증빙서류로 인정하는 신용카드매출전표는 다음에 해당하는 것을 포함한다.

① 여신전문금융업법에 의한 신용카드매출전표

② 여신전문금융업법에 의한 직불카드

③ 외국에서 발행된 신용카드

④ 기명식선불카드, 직불전자지급수단, 기명식선지급 전자지급수단 또는 기명식전자화폐

2 한도

기명식선불카드는 최대 200만원 까지 가능하고, 무기명선불카드인 기프트카드는 50만원 까지 가능하며, 무기명선불카드인 기프트카드는 구매한 카드사 홈페이지에서 사용자 본인을 등록하면 기명식으로 전환할 수 있다.

▶ 관련법규

· 법령 제158조③
· 조특법 제126조의2①4

신용카드매출전표 수취와 보관

1 전표의 분실과 확인

신용카드 등을 사용하고 발급받은 신용카드매출전표 등이 법정지출 증빙이지만 신용카드매출전표를 분실하였다 하더라도 다음 중 어느 하나에 해당하는 증빙을 보관하고 있으면 적격증빙으로 규정된 신용카드매출전표 등을 수취하여 보관하고 있는 것으로 본다.[1]

① 여신전문금융업법에 의한 신용카드업자로부터 발급받은 신용카드와 직불카드 등의 월별이용대금명세서

② 여신전문금융업법에 의한 신용카드업자로부터 전송받아 전사적 자원관리 시스템에 보관하고 있는 신용카드 또는 직불카드 등의 거래정보

2 매입세액 불공제

월별이용대금명세서에는 사용장소와 사용일자 그리고 금액만 표시되어 있어 신용카드매출전표에 표시된 사용시간이나 거래상대방의 사업자등록번호가 없는 경우 업무시간이나 업무상 접대하는 시간에 사용한 것인지 또는 개인용도로 사용한 것인지에 대한 파악하기가 어렵고, 사업자등록번호가 없어 매입세액공제

도 받을 수 없다.

그러므로 신용카드사에 요구하여 사용시간 및 거래상대방의 사업자등록번호가 기재되어 있는 전산파일을 받아 보관하여야 할 것이다.

3 법인·사업용 카드의 등록

국세청 현금영수증사이트에서 개인사업자나 법인사업자가 사용한 신용카드 사용내용을 매 분기 말이 지난 시점에 분기별로 확인할 수 있다. 다만, 개인사업자는 사업용으로 사용하는 신용카드를 현금영수증사이트에 등록하여야 한다.

· 국세청 현금영수증사이트 : www.taxsave.go.kr

4 사례

○ 전산 매체를 통하여 보관하고 있는 경우 원본의 보관의무

신용카드매출전표, 세금계산서, 계산서 등 지출증빙서류를 스캐너(scanner)로 이미지화하는 등으로 전산화하여 자기테이프, 디스켓, 기타 정보보존장치에 의해 보존하는 때도 증빙서류의 원본은 5년간 보관하여야 한다.[2]

○ 선결제내용 조회서가 월별이용대금명세서에 해당하는지 여부

법인 이 신용카드 이용대금을 대금결제일 이전에 결제하고 신용카드업자로부터 신용카드 사용내역을 확인할 수 있는 선결제

내용 조회서를 교부받은 경우, 동 선결제내용조회서는 신용카드
월별이용대금명세서에 해당한다.[3]

1) 법령 제158조④
2) 서면2팀 588, 2008.4.1
3) 법인 46012-218, 2003.4.1

 **신용카드사용 매입세액공제 여부**

1 매입세액 공제

사업자가 일반과세자로부터 재화 또는 용역을 공급받고 부가가치세액이 별도로 구분 기재되어 있는 신용카드매출전표 등을 발급받고 부가가치세 신고할 때 신용카드매출전표 등 수령명세서를 제출하면 신용카드매출전표 등에 기재되어 있는 부가가치세액은 공제할 수 있는 매입세액으로 본다.[1]

2 매입세액 불공제

그러나 부가가치세법상 다음의 각 항목에 대하여는 부가가치세 매입세액을 공제받지 못하므로 이 내용에 해당하는 신용카드 사용에 대해서도 동일하게 매입세액을 공제받지 못한다.[2]

① 사업과 직접 관련이 없는 지출에 대한 매입세액

② 비영업용 소형 승용자동차의 구매와 임차(賃借) 및 유지에 관한 매입세액: 비영업용 자동차는 운수업, 자동차판매업, 자동차임대업에서와같이 승용차를 직접 영업에 사용하는 것 외의 목적으로 사용하는 승용자동차이다. 소형 승용자동차는 다음의 승용차이다.

1. 8인승 이하의 일반형 승용자동차(1,000cc 이하의 것으로서

길이가 3.6미터 이하이고, 폭이 1.6미터 이하인 경차 제외)

2. 125cc 초과 2륜 자동차

3. 캠핑용자동차(캠핑용 트레일러 포함) 즉, 9인승 이상인 승용자동차, 경차, 125cc 이하의 2륜자동차와 화물자동차에 대한 주유비, 수리비 등에 대한 부가가치세가 부가가치세 매입세액공제대상이다.

③ 접대비 및 이와 유사한 비용의 지출에 관련된 매입세액

④ 부가가치세가 면제되는 재화 또는 용역을 공급하는 사업에 관련된 매입세액(투자관련 사업은 매입세액 포함)과 토지의 조성 등을 위한 자본적 지출에 관련된 매입세액

③ 사례별 매입세액공제 여부

○ 매입세액공제를 받은 후 승인취소된 경우

사업자가 재화를 공급받고 법인카드로 결제한 후 신용카드매출전표를 수취하여 공제되는 매입세액으로 정상신고하였으나, 추후 공급자인 동 전표발행자의 귀책사유로 당해 전표의 발행과 관련한 대금결제 승인이 취소된 경우 당해 거래는 신용카드매출전표에 의한 거래에 해당되지 아니하므로 당해 승인이 취소되기 전에 신고한 매입세액은 공제되지 아니하는 것이며, 이에 대한 납부불성실가산세가 적용된다.[3]

○ 과세기간 후 발급받은 신용카드매출전표의 경우

공급시기가 속하는 과세기간 내에 세금계산서를 발급받지 않

고 과세기간 이후에 신용카드 등으로 결재한 경우에 교부받은 신용카드매출전표 등으로는 부가가치세 매입세액을 공제할 수 없다.[4]

⟳ 무기명 선불카드의 매입세액 제 여부

선불카드(무기명식)로서 실제 사용자가 최초로 사용하기 전에 해당 무기명선불카드를 발행한 신용카드업자에게 주민등록번호로 무기명선불카드를 등록하여 사용자 인증을 받은 후, 가맹점으로부터 재화 또는 용역을 공급받고 당해 선불카드로 대가를 지급하면서 실지명의가 확인된 선불카드영수증을 교부받는 경우, 당해 영수증에 의해서는 그 매입세액을 공제 할 수 있다.[5]

⟳ 신용카드거래내용을 수신보관의 매입세액공제 여부

신용카드업자로부터 신용카드거래내용을 전송받아 전사적자원관리시스템(ERP)에 보관함으로 전송받은 거래정보에 공급가액과 부가가치세액이 별도 구분기재되거나, 전송받은 거래정보에는 부가가치세액이 별도 기재되지 아니하여 재화 또는 용역의 거래시기에 부가가치세액이 별도로 구분기재된 신용카드매출전표 등을 수취하여 보관하는 경우에는 매입세액공제가 가능하다.[6]

▶ 관련법규

1) 부가법 제32조의2③   2) 부가법 제17조②
3) 서면3팀-641, 2006.4.3   4) 전자세원-554, 2009.8.27
5) 서면3팀-658, 2008.3.28   6) 전자세원-394, 2009.2.11

 ## 임직원 신용카드의 업무사용 사례

1 임직원 신용카드를 사용한 경우

법인(개인)사업자가 임직원의 신용카드를 사용한 경우지출증빙으로 인정하며, 부가가치매입세액도 공제(접대비 제외)한다.

법인(개인)사업자가 업무와 관련하여 법인카드 또는 사업주카드 이외에 대표이사 명의의 카드를 사용하거나 임직원 명의의 카드를 사용한 경우 객관적으로 업무에 사용된 것이 확인되는 경우 업무에 사용된지출증빙으로 인정되며, 부가가치세 매입세액이 공제가 가능한 지출은 부가가치세 매입세액공제도 가능하다.

직원명의 신용카드 사용분이 업무와 관련하여 사용되었음을 입증하기 위하여 지출결의서에 업무내용을 기재하고 당해 직원에게 송금한 내역을 보관하여야 한다.[1]

2 임직원 가족 신용카드를 업무에 사용한 경우

법인사업자 임직원가족신용카드를 업무에 사용한 경우 지출증빙으로 인정되나, 부가가치세매입세액 공제받기 위해서는 세금계산서를 받아야 한다. 법인사업자가 업무와 관련하여 대표이사 및 임원(종업원)의 가족 명의 신용카드를 사용한 경우 객관적으로 업무에 사용된 것이 확인되는 경우에는 아래 4)의 타인의 신용카드를 사용한 경우와 같이 법인의 경비로 인정될 수는 있으나 부가가치세의 매입세액을 공제받기 위해서는 별도로 세금계산서를 발급받아야 한다.

③ 개인사업주 가족 신용카드를 업무에 사용한 경우

지출증빙으로 인정되며, 부가가치매입세액도 공제(접대비 등 제외) 한다. 개인사업자가 업무와 관련하여 사업주의 가족 명의 신용카드를 사용한 경우 객관적으로 업무에 사용된 것이 확인되는 경우에는 업무에 사용된지출증빙으로 인정되며, 부가가치세 매입세액이 공제 또는 환급 가능한 지출은 부가가치세도 공제 또는 환급 가능하다.[2]

④ 타인 신용카드를 업무에 사용한 경우

지출증빙으로 인정되나, 부가가치세 매입세액 공제받기 위해서는 세금계산서를 받아야 한다.

사업자가 거래상대방으로부터 재화 또는 용역을 공급받고 그 거래 시에 타인(종업원과 가족 제외)의 신용카드로 그 대금을 결제하는 경우 거래상대방으로부터 부가가치세액이 별도로 구분 가능한 신용카드매출전표를 발급받더라도 동 신용카드매출전표에 기재된 부가가치세액은 공제할 수 있는 매입세액에 해당하지 아니하는 것이며, 세금계산서를 발급받아 매입세액을 공제하여야 한다.[3]

이 경우 거래상대방은 재화 또는 용역을 공급받는 자가 세금계산서의 발급을 요구하는 경우에 신용카드명의자(종업원 및 가족 제외)와 사업자등록증 상의 대표자가 다른 것으로 확인되는 때에는 세금계산서를 발급할 수 있다.

5 사업용 카드 외 신용카드로 접대비에 사용한 경우

접대비는 회사의 경비에 해당하나 세법상 비용에는 제외한다. 사업자가 접대비의 용도에 법인카드 또는 사업주카드 이외에 카드를 사용한 경우에 회계상으로는 경비로 인정되나 세무상으로는 경비로 인정되지 않는다. 따라서 접대비에 사용할 목적으로는 대표이사 또는 임직원 명의의 카드를 사용하지 않아야 한다.

접대목적으로 카드를 사용할 때에는 반드시 법인사업자는 법인카드, 개인사업자는 사업주의 카드를 사용하여야 한다.

6 임직원신용카드 업무상사용의 근로소득 연말정산

회사의 경비와 근로소득 연말정산 시 소득공제를 이중으로 할 수 없다. 임직원 명의의 신용카드 사용분 중에 회사의 업무와 관련하여 사용된 금액에 대하여 회사의 경비로 처리하면 당해 금액에 대하여는 직원의 근로소득 연말정산 시에 신용카드 등 사용금액공제를 적용하면 안 된다. 실무상 구분하기 어려운 점이 있으나 직원명의 신용카드 사용분을 직원별로 집계하여 연말정산 시에 직원별 신용카드 사용금액에서 제외해 주어야 할 것이다.

▶ 관련법규

1) 서면2팀 1928, 2005.11.28   2) 서삼 46015-12066, 2002.12.2
3) 서면3팀 1912, 2007.7.5

CARD CREDIT 100
100
100

6장

현금영수증의 지출증빙

 # 현금영수증의 발행의무

1 발급의무

현금영수증제도란 소비자가 현금으로 대금을 지불하면서 카드
(현금영수증카드, 적립식카드, 신용카드 등), 휴대전화번호 등을
제시하면, 가맹점은 현금영수증발급장치를 통해 현금영수증을
발급하고 현금결제 건별 내역은 국세청에 통보되는 제도이다.

현금영수증은 건당 1원 이상 현금결제를 하면 발행이 가능하
다.[1]

2 발급방법

현금영수증가맹점은 사업과 관련하여 재화 또는 용역을 공급
하고 거래 상대방이 대금을 현금으로 지급한 후 현금영수증의
발급을 요청하는 경우에 발급하여야 하며, 상대방이 현금영수증
발급을 요청하지 않는 경우에는 국세청지정코드(010-000-1234)로
발급할 수 있다.[2]

3 발급거부 신고대상

현금영수증의 발급을 거부하는 신고대상사례는 다음과 같다.[3]

① 사업자(현금영수증 미가맹점 포함)로부터 재화나 용역을 공급받고 신용카드 결제를 거부당하거나, 현금으로 결제한 경우 현금영수증을 요구하였으나 발급을 거부당한 경우
② 신용카드 결제 또는 현금영수증을 사실과 다르게 발급받은 경우(신용카드 결제 또는 현금영수증 발급을 이유로 재화 또는 용역의 대가를 다르게 기재하여 신용카드결제 또는 현금영수증을 발급하는 경우)
③ 현금영수증을 발급한 후 소비자의 의사에 반하여 그 발급을 취소하는 경우

4 발급거부 신고방법

거래일로부터 1개월 이내에 현금거래 확인신청 신고서를 작성하여 신고한 내용이 사실임을 입증할 수 있는 증빙서류를 첨부하여 서면 또는 인터넷으로 신고하면 된다.

신용카드결제 또는 현금영수증 발급거부 등 신고 후 국세청의 확인결과 발급거부 등 사실이 확인되면 적격증빙을 수취한 것으로 인정되고 거부금액(5천원 미만 제외)의 20%(최소 1만원, 최대 50만원, 동일인 연간 200만원 한도)의 포상금을 신고서에 기재된 계좌번호로 지급받을 수 있다.[4]

전문직, 병원, 부동산중개업, 산후조리원 등 현금영수증 의무발행업종(30만원 이상 현금지급액에 대하여 상대방이 요구 하지

않아도 현금영수증발행이 의무인 사업자)의 발급거부에 대한 신고포상금은 거부금액의 20%(최소 1천원, 최대 300만원, 동일인 연간 1,500만원 한도)이다.[5]

▷ 관련법규

   1) 법령 제159조의2⑥
   2) 전자세원 485, 2010.8.27
   3) 국세법 제84조의2①항3,4호
   4) 국세령 제65조의4④
   5) 고시 제2010-23호, 2010.6.22

 ## 지출증빙 현금영수증

1 지출증빙 영수증과 카드

사업자는 지출증빙용 현금영수증을 발급받아야 한다. 사업자가 현금영수증을 발급받아지출증빙으로 사용하기 위해서는 소득공제용이 아닌 지출증빙용 현금영수증을 발급받아야 한다.

사업자가 사업과 관련 있는 물품 등을 현금으로 구입할 때 신속하고 편리하게 현금영수증을 발급받을 수 있도록 2009년부터는 국세청에서 사업자 지출증빙용 현금영수증카드를 제작하여 보급하고 있다.

사업자가 동 카드를 사용하면 지출증빙용 현금영수증을 발급받기 위하여 사업자등록번호를 불러줘야 하는 불편이 해소되어 지출증빙용 현금영수증 발급을 쉽게 받을 수 있다.

사업자 지출증빙용 카드는 다량 신청 및 소속부서별 등록도 가능하다.

2 현금영수증 예시

○ 지출증빙용 현금영수증

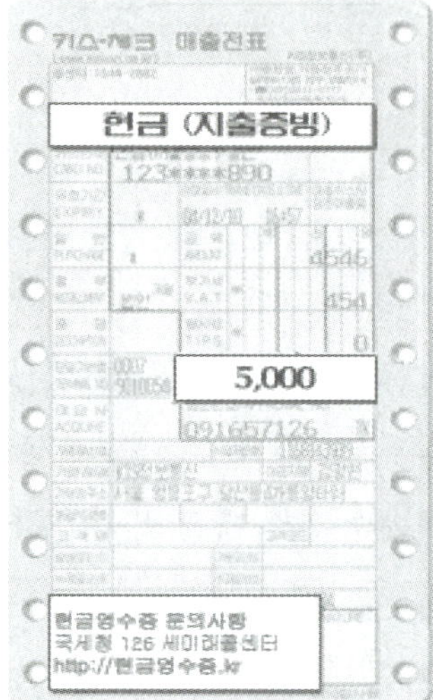

◀ 사업자용으로 발급 시 "현금(지출증빙)"이라 기재됨

◀ 2008년7월1일 이후부터 금액에 관계없이 발행

◀ 현금영수증상담센터 전화번호와 홈페이지 주소가 기재되어 있음

○ 소득공제용 현금영수증

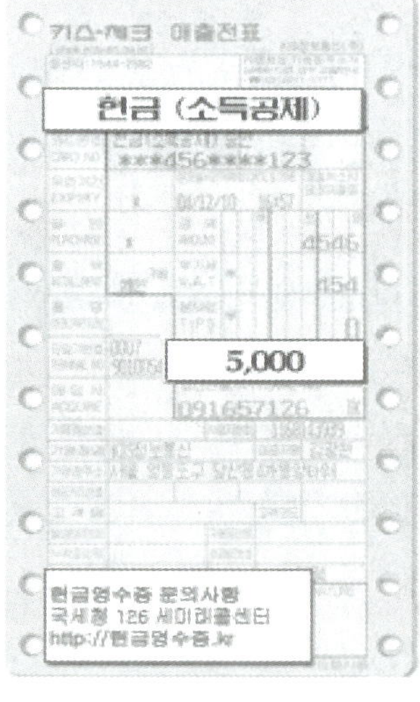

◀ 발급 시 "현금(소득공제)"라고 기재됨

◀ 2008년7월1일 이후 금액에 관계없이 발행

◀ 현금영수증상담센터 전화번호와 홈페이지 주소가 기재되어 있음

 **3** ## 현금영수증의 매입세액공제

1 ### 부가가치세 매입세액공제 대상

지출증빙용 현금영수증을 발급받고 부가가치세 신고 시에 신용카드매출전표 등 수령명세서를 제출하면 신용카드 등 매출전표에 있는 내용과 같이 부가가치세 매입세액을 공제받을 수 있는 사용분에 대하여는 부가가치세 매입세액을 공제한다. (서면3팀-306, 2005.3.3)

2 ### 지출증빙용으로 전환

소득공제용 현금영수증은 지출증빙용 현금영수증으로 전환할 수 있으므로 회사의 업무를 위하여 현금을 지출하면서 본인, 직원 또는 가족 명의로 소득공제용 현금영수증을 발급받았으면 지출증빙용으로 변경하여야 한다

사업과 관련된 지출을 하고 소득공제용 현금영수증을 발급받은 경우에는 '국세청126 세미래콜센터'에 전화를 하거나 현금영수증 홈페이지에 공인인증서로 로그인하여 지출증빙용으로 전환이 가능하다.

 ## 현금영수증의 증빙불비가산세

1 가산세의 적용과 비적용

회사 업무와 관련없는 임직원의 소득공제용 현금영수증을 회사 비용으로 사용하면 증빙불비가산세 대상이다. 하지만, 임직원 명의의 소득공제용 현금영수증이 업무관련성을 입증하면 가산세를 적용하지 않는다.

사업자로부터 거래 건당 3만원을 초과하는 재화 또는 용역을 공급받고 임직원 명의의 소득공제용 현금영수증을 수취한 경우 당해 거래가 회사의 업무와 관련하여 지출된 비용임이 입증되는 때에는 증빙불비가산세를 적용하지 않는다.

사업자(법인)와 관련 없는 제3자 명의의 현금영수증은 법정지출증빙에 해당하지 아니하는 것이므로 당해 금액이 업무에 사용된 금액이라 하더라도 증빙불비가산세의 적용을 받는다.[1]

이와는 달리 회사의 1만원 이상의 접대비 지출을 위하여 현금을 사용한 경우에 소득공제용 현금영수증을 받으면 세법상 비용으로 인정되지 않는다.[3]

≪소득공제용 현금영수증≫

구분	비용	가산세
임직원 명의 업무사용	인정	비적용
제3자 명의 업무사용	인정	적용

· 관련서류 : 거래명세서, 전표, 실사사진

　따라서 회사의 접대비로 사용되었거나 부가가치세 매입세액을 공제받기 위하여는 반드시 지출증빙용 현금영수증을 수취하여야 한다.

▶ 관련법규

　1) 서면2팀-230, 2005.2.1
　2) 전자세원-379, 2009.6.16

 ## 상품권 등 사용과 현금영수증

1 상품권 매입시점: 현금영수증을 발급받을 수 없다.

상품권 등을 신용카드 또는 현금으로 구입하더라도 상품권 매입은 재화 또는 용역을 제공받은 것이 아니므로 구입시점에 비용으로 처리되는 것이 아니라 사용시점에 비용처리 된다. 구입시점에 비용처리 되는 것이 아니므로 현금으로 지급한 경우에도 현금영수증을 발급받을 수는 없다.

2 상품권 사용시점: 현금영수증을 발급받을 수 있다

재화 또는 용역을 공급받고 상품권이나 무기명 선불카드로 결제하는 시점에 현금을 사용한 것과 같으므로 현금영수증을 발급받을 수 있다.[1]

3 마일리지 결제금액: 현금영수증 발급할 수 없다.

재화 또는 용역을 공급받고 그 대가의 전부 또는 일부를 마일리지(적립금, 포인트, 사이버머니, 쿠폰 등)로 결제하는 경우 당해 마일리지 결제금액에 대하여는 현금영수증을 발급할 수 없다.[2]

4 식권구매 결제금액: 현금영수증 발행시점

음식업자가 식권을 판매하는 경우에는 영수증(현금영수증 포함) 교부대상이 아니고, 동 사업자가 음식용역을 공급하는 때에 영수증을 교부하는 것으로서, 당해 영수증을 발행하는 사업자는 거래시마다 영수증을 교부하여야 하는 것이며, 월합계 영수증을 교부할 수 없다.[3]

그러나 식대를 매월 정산하여 현금으로 지급받는 때에 현금영수증 발급이 가능하다.[4]

▶ 관련법규

1) 전자세원 406, 2009.6.25
2) 서면3팀 1277, 2007.4.30
3) 서면3팀 809, 2005.6.13
4) 서면3팀 2391. 2006.10.10

7장

예외거래 유형별

지출증빙

 # 소액거래의 지출증빙

1 3만원 이하 영수증

지출증빙 수취와 보관 대상에서 제외되는 재화 또는 용역의 건당 거래금액은 2009년1월1일 이후 3만원 이하의 금액은 지출증빙 수취와 보관에서 제외한다.[1)

○ 1만원 이상 접대비

1만원 이하 접대비는 영수증으로 증빙은 할 수 있으나. 1만원을 초과하는 접대비는 법정증빙서류만 인정한다.

2 3만원 초과 영수증

건당 3만원을 초과하는 거래는 법정증빙서류만 인정한다. 여기서 3만원 초과 거래 여부의 판단은 건당 영수증금액(부가가치세 포함)을 기준으로 판단하며 영수증을 분할하여 발급받는 경우에는 모두 합산한 금액을 1건으로 본다.

식대 등과 같이 일일지급금액은 3만원 미만인 재화 또는 용역을 제공받고 월 단위로 합산하여 지급하는 등의 거래일자가 다른 여러 건을 합산하여 지급하는 경우에 지급하는 합계 금액이 3만원을 초과하는 경우에 법정지출증빙서류를 받아야 한다.[2)

③ 20만원 이하 경조사비

기업에서 지출하는 경조사비는 20만원 이하의 지출금액만 인정한다. 20만원을 초과하는 경조사비는 증빙을 갖추지 못하면 가산세의 적용을 받는 것이 아니라 비용 자체를 인정받지 못한다.

④ 영수증의 가산세

세금계산서나 계산서가 아닌 영수증을 수취하면 부가가치세법(제32조)에 따라 재화 또는 용역을 공급받은 때마다 영수증을 수취하는 것이므로 영수증상의 거래금액을 기준으로 법인세법(제76조 5항)에 의한 가산세 적용여부를 판단한다.[3]

▶ 관련법규

1) 법법 제116조
2) 법인 46012-1666, 1999.5.3
3) 부법 제32조, 법법 제76조5, 법인 46012-2392, 2000.12.16

 **비사업자와 거래의 지출증빙**

1 비사업자란

비사업자란 재화 또는 용역을 공급하면서 영리목적이 없거나 일시적으로 공급하는 자를 말한다.

비사업자로부터 재화 또는 용역을 공급받은 때에는 법정지출증빙을 해야 하지는 않지만, 기업의 경비로 인정받기 위하여는 어떠한 형식이라도 인적사항, 지급금액과 지급시기를 알 수 있는 증빙을 갖추어야 한다.

2 개인으로부터 일회성으로 재화를 공급받는 경우

개인이 사용하던 컴퓨터, 자동차 등을 구매하는 경우이다. 그러나 재화가 아닌 용역을 일회성으로 공급받는다면 이는 인적용역을 공급받는 것이므로 원천징수를 하여 다음 달 10일(반기신고자는 반기신고기간 다음 달 10일)까지 신고·납부를 하여야 한다.

3 폐업한 사업자로부터 재화를 공급받는 경우

실질적으로 폐업한 사업자로부터 재화를 공급받는 경우를 말

하며, 폐업신고 후에도 실질적으로는 사업을 영위하는 자로부터
재화를 공급받는 경우는 해당하지 않는다.[1]

4 공동주택 자치관리기구에 관리비를 지출하는 경우

입주자 또는 집합건물의 구분소유자들이 조직한 자치기구인
관리사무소에 관리비를 지급하는 경우를 말한다. 즉 공동주택자
치관리기구 등 자치기구에 관리비를 지급하는 경우만 해당하며,
건물관리를 위탁받아 관리하는 사업자 또는 관리사무소 없이 건
물주에게 관리비를 지급하는 경우에는 법정지출증빙을 받아야
한다.[2]

○ 관리비에 전기료 등이 포함된 경우

공동주택자치관리기구로부터 세금계산서를 꼭 받아야 한다.
공동주택자치관리기구에 상가 입주자들이 사용한 전기요금, 도
시가스요금, 건물수선비 등을 공동주택자치관리기구 명의의 고
유번호로 지급하고 관리비에 포함하여 공동주택자치관리기구가
상가 입주자들로부터 받는 경우 법정지출증빙을 받지 않아도 가
산세적용은 없지만, 상가입주자들은 공동주택자치관리기구가 발
행한 세금계산서를 발급받으면 부가가치세 매입세액공제를 받을
수 있다.

즉, 상가 입주자들이 자치관리기구(신청인)를 조직하여 고유번
호를 부여받은 후 입주자들이 실지로 소비하는 재화 또는 용역
에 대하여 명의자인 자치관리기구가 세금계산서를 발급받으면
그 발급받은 세금계산서에 기재된 공급가액의 범위 내에서 해당

재화 또는 용역을 실지로 소비하는 입주자들에게 세금계산서를 발급할 수 있으며, 세금계산서를 발급받은 입주자들은 불공제되는 경우를 제외하고는 자기의 매출세액에서 공제할 수 있는 것이다.[3]

⑤ 관리비의 부분별 공동요금 등에 대한 지출증빙

임대사업자가 부가가치세가 과세하는 부동산 임대료와 당해 부동산을 관리해 주는 대가로 받는 관리비 등을 구분하지 아니하고 영수하는 때에는 전체금액에 대하여 과세하는 것, 즉 전체금액에 대하여 세금계산서를 발행한다.

그러나 임차인이 부담하여야 할 보험료·수도료 및 공동요금 등을 별도로 구분 징수하여 납부를 대행하는 경우에는 임차인이 부담하여야 할 전기료·가스료 등 부가가치세가 과세하는 재화의 공급에 대하여 임대인 명의로 세금계산서를 방급받은 경우 부가가치세법시행규칙(제18조 1항)의 규정에 따라 임대인은 교부받은 세금계산서에 기재된 공급가액의 범위 내에서 임차인에게 세금계산서를 발행할 수 있고, 수도료 등 부가가치세를 면제받아 계산서를 수취한 요금에 대하여는 각 입주자의 사용비율에 따라 계산서를 발행할 수 있다.[4]

⑥ 동문회 회보 등의 증빙 수취의무

법인이 사업자가 아닌 동문회 또는 학교학생회 등이 발간하는 회보 및 행사지 등에 광고를 게재하는 대가로 회보발간비 및 행

사비를 지원한 경우에는 위 지출증빙서류 수취 관련 규정을 적용하지 아니한다.[5]

▶ 관련법규

1) 법인 46012-1774, 2000.8.16
2) 법인 46012-1354-2000.6.13, 서이 46012-11447-2003.8.1
3) 부가 46015-502-1996.3.15, 부가 1251-2010.9.17
4) 부가 46015-2797
5) 법인 46012-1338, 2000.6.9

 **3**

금융기관 송금명세서의 지출증빙

① 증빙 대상

사업자	거래내용
간이과세자	부동산임대용역, 운송용역 또는 재활용 폐자원을 공급하는 사업자와의 거래
일반사업자	임가공용역(법인제외), 공인중개사중개용역, 항공상업서류송달용역, 인터넷·TV홈쇼핑, 우편송달에 의한 주문판매

② 증빙 특례

금융기관을 통해 송금하고 송금명세서만 제출해도 되는 거래로 다음의 사업자는 당해 거래금액을 금융기관을 통하여 송금하고 법인세와 종합소득세의 과세표준신고서에 송금사실을 기재한 경비 등의 송금명세서를 첨부하여 제출하는 경우에는 지출증빙의 특례가 적용된다.

① 간이과세자인 사업자로부터 부동산임대용역, 운송용역 또는는 재활용 폐자원을 공급받는 경우

② 개인(법인은 제외)으로부터 임가공용역을 공급받은 경우

③ 공인중개업자에게 중개수수료를 지급하는 경우

④ 「항공법」에 의한 상업서류송달용역을 제공받는 경우

⑤ 복권사업자가 복권을 판매하는 자에게 수수료를 지급하는 경우

⑥ 인터넷, PC통신 및 TV홈쇼핑을 통하여 재화 또는 용역을 공급받는 경우

⑦ 우편송달에 의한 주문판매를 통하여 재화를 공급받는 경우

3 사업자의 증빙

⭮ 간이과세자

부가가치세법상 간이과세자 적용대상(연간공급대가 4,800만원 미만인 사업자)에 해당하는 부동산임대사업자 등에게 용역을 공급받으면 당해 간이과세자의 사업자등록 여부와는 상관없이 금융기관을 통해 송금하면 가산세 적용대상에서 제외된다.[1]

⭮ 임가공사업자

임가공용역을 공급하는 자의 사업자등록 여부는 상관하지 않으며, 임가공용역은 건설업의 외주용역비는 해당하지 않는다.[2]

⭮ 가내수공업자

가내부업으로 가정주부가 임가공을 하는 경우에는 당해 가정주부는 일용근로자로 보아 원천징수에 의한 신고를 하여야 한다.[3]

그러나 위의 사업자 중에 세금계산서를 발행할 수 있는 사업자(공인중개업자 중 일반과세 사업자 등)로부터 재화 또는 용역

을 공급받는 경우에 법정지출증빙을 받지 않아도 송금명세서만
제출하면 증빙불비가산세의 적용을 받지는 않지만, 법정지출증
빙을 받으면 부가가치세 매입세액공제나 환급을 받을 수 있으므
로 세금계산서를 발행할 수 있는 사업자로부터는 법정지출증빙
을 받아야 한다.

4 송금의 증빙

○ 은행송금이 아닌 약속어음을 직접 발행한 경우

간이과세자로부터 운송용역을 공급받으면서 수시로 발생되는
거래금액을 매월 마감하여 현금으로 지급하는 것이 아니라 약속
어음을 발급하기 때문에 경비 등의 송금명세서를 작성할 수 없
다 하더라도, 동 대가의 지급을 은행송금의 방법에 의하지 아니
하는 경우이므로 증빙불비가산세를 적용한다.[4]

○ 재활용품비를 수집자에게 은행으로 송금하는 경우

재활용 폐자원 수집업체가 청소원 등으로부터 폐자원을 수집
하는 경우에 재활용품비를 수집자에게 금융기관을 통하여 지급
하는 경우로서 과세표준확정신고서에 송금사실을 기재한 경비
등의 송금명세서를 첨부하여 납세지 관할 세무서장에게 제출하
는 경우에는 정규증빙서류 수취대상이 아니다.[5]

○ 학원버스 운송비를 은행으로 송금하는 경우

학원사업자가 개인셔틀버스 운영업자(간이과세자)와 용역계약
을 체결하여 학원생들을 수송하게 하는 경우 용역대가를 금융기

관을 통하여 지급하고 과세표준확정신고서에 송금명세서를 첨부
하여 제출하는 때에는 증빙불비가산세가 적용되지 아니한다.[6]

▶ 관련법규

1) 법인 46012-1191, 2000.5.20
2) 소득 46011-543, 1999.12.28, 서면1팀 873, 2007.6.25
3) 소득 22601-1237, 1986.4.18
4) 법인 46012-2393, 2000.12.16
5) 제도 46013-27, 2001.1.6
6) 소득 46011-380, 2000.3.22

 **정규증빙 수취대상이 아닌 거래**

1 예외대상

정규증빙 수취 대상이 아닌 사업자 또는 정규증빙 예외대상 거래는 법정증빙서류를 수취할 수 없는 경우로서 일반영수증으로 증빙서류를 수취하여야 한다. 이 경우 일반증빙서류를 수취하여도 필요경비를 인정받고, 증빙불비가산세의 적용을 받지 않는다. 또한, 재화 또는 용역을 공급받는 대가가 아닌 경우에는 법정지출증빙서류를 수취할 의무가 없다.

법정지출증빙서류 예외 대상과 거래는 다음과 같다.

① 농어민(법인제외)과 직거래   ⑦ 택시비
② 국가 등과의 거래   ⑧ 토지·주택 취득
③ 금융보험용역   ⑨ 주택임대(법인제외)
④ 국외공급용역   ⑩ 항공기항행용역
⑤ 전기통신용역   ⑪ 통행료
⑥ 입장권·승차권 등   ⑫ 연체이자 등

2 증빙서류

- 영수증
- 입금증 (금융기관 송금증서)
- 거래명세서, 지출명세서

 ## 5 농어민 농수산물의 직접구매

1 지출증빙 요건

농어민(법인제외)으로부터 농작물 등을 직거래로 구매하는 경우에는 지출증빙특례가 적용되나, 농어민으로부터 농작물 이외의 농작물 가공식품 등 부가가치세법상의 사업자등록을 하여야 하는 사업의 재화 등을 공급받는다면 반드시 법정지출증빙을 받아야 한다.

2 농어민에게서 직접구매

사업자가 농어민(통계청장이 고시하는 한국표준산업분류상의 농업 중 작물생산업·축산업·복합농업, 임업 또는 어업에 종사하는 자를 말하며, 법인을 제외함)으로부터 재화 또는 용역을 직접 공급받은 때에는 증빙불비가산세가 적용되지 아니한다.[1]

3 농어민 직접구매 사례

↻ 고유번호자 농어민에게서 구매할 때 증빙서류

한국표준산업분류상의 농업소득 중 작물재배업은 소득세법(제19조1항1호)에 따라 사업소득을 과세하지 아니하며, 작물재배업을 영위하는 거주자가 고유번호를 부여받은 경우에도 계산서를 교부할 수 없다. 한국표준산업분류상의 농업소득 중 작물생산업자(법인을 제외함)로부터 재화 또는 용역을 직접 공급받은 경우에는 지출증빙 특례가 적용된다.[2]

○ 소규모 염전사업자가 발급하는 영수증

염제조업은 광업으로 분류되어 사업자등록 대상이며, 소규모 사업자이외의 사업자가 염제조업 사업자로부터 재화 또는 용역을 공급받고 법정증빙 외의 증빙을 수취한 경우에는 증빙불비가산세를 적용한다.[3]

○ 농어민 대상 시험사용에 따른 대가지급

법인이 인삼재배농민에게 개발·실험 중인 자사제품을 작물에 직접 사용하게 하여 그 효능을 검증하는 대가로 지급하는 금액은 지출증빙의 수취·보관대상에 해당하지 아니한다.[4]

▷ 관련법규

1) 서일 46011-10156, 2001.9.14
2) 서면1팀 1587, 2007.11.20
3) 서면1팀 522, 2007.4.25
4) 법인 46012-1764, 2000.8.16

비영리법인 등과 거래

1 지출증빙의 요건

비영리법인 등에게 비수익사업과 관련하여 재화와 용역을 공급받으면서 대가를 지급하는 경우에 지출증빙 특례가 적용되나, 재화나 용역을 공급받는 대가가 아닌 무상으로 지급하는 기부금에 해당하는 경우에는 당해 기부금을 필요경비 또는 개인의 종합소득세 신고 시 소득공제를 받기 위하여는 기부금영수증(소득세법 별지 제45호의2 서식)을 발급받아야 한다.

2 노동조합비와 복지기금

법인이 사업자로부터 재화 또는 용역을 공급받고 그 대가를 지급하는 경우가 아닌 노동조합에 복지기금 및 노동조합비를 납부하는 경우에는 지출증빙서류 수취규정을 적용하지 않는다.(서이 46012-11056, 2002.5.21)

3 비영리단체에 회비

법인이 사업과 관련된 재화 또는 용역의 대가에 해당하지 않는 협회의 회원 자격으로 납부하는 경상회비는 법인세법 제116조의 규정에 의한 정규의 지출증빙 수취대상에 해당하지 않는

것이며, 영수증·입금표·거래명세서 등 기타 증빙에 의하여 거
래사실을 입증하여야 한다. (서면2팀 1335, 2004.6.25)

 **각종보험료와 차입금이자의 지출증빙**

1 보험료

금융보험업을 영위하는 법인으로부터 금융보험업과 관련한 재화 또는 용역을 공급받은 때에 영수증을 교부받는다. 이때, 금융보험 관련 재화 및 용역을 공급받은 사업자가 사업자등록증을 제시하고 계산서의 교부를 요구하면 계산서를 교부받을 수 있다. 이때 금융보험업자로부터 재화 또는 용역을 공급받은 때에 영수증을 수취해도 증빙불비가산세를 적용받지 않는다.[1]

- 증빙서류 : 계산서, 영수증
- 적요: 자동차보험, 건물보험, 운송보험

2 차입금 이자

금융보험사업자로부터 금융을 차입하여 이자를 지급하는 경우에는 당해 이자에 대하여는 이자지급명세만 확인하면 되나, 금융업을 영위하고 있지 않은 개인 또는 법인으로부터 차입하여 이자를 지급하는 경우에는 당해 이자소득에 대하여 원천징수(27.5%)하여 원천징수 신고를 하여야 한다.

- 은행 등 : 이자지급명세서, 입(송)금증, 이체증서
- 개인 등 : 원천징수영수증

③ 연체이자

재화공급계약·용역제공계약 등에 의하여 확정된 대가의 지급 지연으로 연체이자를 지급하는 경우 위약금 성격의 연체이자는 지급받는 자의 기타소득에 해당하는 것으로 지출증빙 특례가 적용되지만, 당해 대금을 실질적인 소비대차의 목적물로 전환되어 이자가 발생한 경우 연체이자는 이자소득인 비영업대금의 이익에 해당하는 것으로 원천징수(원천징수세율 25%)하여 다음 달 10일까지 신고·납부를 하여야 한다.

연체이자가 실질적으로 소비대차로 전환되었는지는 해당 부동산의 매매계약 및 연체이자 등에 관한 당사자 간 합의 내용, 매도인이 소유권을 이전해 주고 매수인이 당해 부동산을 실질적으로 사용·수익 할 수 있는지 등 구체적인 사실관계를 조사·확인하여 판단할 사항이다.[2]

④ 금융보험업자의 금융 외 공급

금융보험업과 그 외의 사업을 함께 영위하는 법인으로부터 금융보험용역을 공급받으면 지출증빙서류 수취 특례에 해당하는 것이나, 금융보험업 이외의 사업에 속하는 재화 또는 용역을 공급받은 때에는 법정지출증빙서류를 수취하여야 한다.[3]

▶ 관련법규

1) 소령 제211조②, 서면1팀 109, 2006.1.26
2) 서면1팀 272, 2006.2.28, 서면1팀 1342, 2004.10.1
3) 법인 46012-268, 2001.2.1

 **외국에서 물품구매 등 지출증빙**

1 외국에서 물품구매

국내사업장이 없는 외국법인이나 비거주자로부터 재화나 용역을 공급받거나 국외에서 재화 또는 용역을 공급받는 경우 국외는 우리나라 과세당국의 과세권이 미치지 않기 때문에 국외로부터 공급받은 재화나 용역에 대하여는 법정지출증빙을 갖추지 않아도 되나, 수입통관 할 때에는 세관장이 수입세금계산서 또는 수입계산서를 발행하므로 당해 수입세금계산서 등이 법정지출증빙이 된다.

- 직접구매 : 법정증빙서류, 법정증빙외 서류
- 수입물품 : 수입세금계산서

2 외국에서 용역수급

외국에서만 용역을 공급받고 공급대가를 지급하는 국내기업의 지출증빙서류는 수취 특례가 적용된다. 따라서 지출증빙서류로는 법정지출증빙이 아닌 관련 용역계약서, 지출내역이 확인되는 송장 및 외화송금영수증 등을 수취하여 보관하여야 한다.

- 증빙 : 용역계약서, 지출명세서, 무역송장, 외화송금영수증
- 법규 : 서면2팀 2518, 2004.12.2

9 전기료·통신료의 지출증빙

「전기통신사업법」에 의한 전기통신사업자로부터 전기통신용역을 공급받은 경우. 다만, 전자상거래 등에서의 소비자보호에 관한 법률에 따른 통신판매업자가 전기통신사업법에 따른 부가통신사업자로부터 부가통신역무를 제공받는 경우를 제외한다.

통신판매업자가 부가통신역무를 제공받은 것 외에는 전기료, 통신료의 납부영수증으로 당해 전기료 등의 지출이 인정되고 증빙불비가산세의 부담도 없으나, 세금계산서를 발급받으면 부가가치세를 납부세액에서 공제할 수 있으므로 세금계산서를 발급받아야 한다.

전기료, 통신료 지로영수증에 공급받는 자의 사업자번호 등이 기재되어 있으면 이를 세금계산서로 인정하므로 지로영수증에 공급받는 자의 사업자번호가 기재되어 있는지를 확인하여야 한다.

⏻ 증빙서류
- 지로납부영수증(사업자번호 기재)
- 세금계산서
- 계산서

10 운송용역의 지출증빙

1 택시비 등

택시비에 대하여는 출발지와 목적지 및 업무내용이 기재되어 있는 여비교통비명세서 또는 지출명세서로 지출증빙을 할 수 있지만, 현재 택시 대부분은 영수증수취가 가능하므로 영수증으로 지출증빙을 하는 것이 택시비 과다청구를 방지 등의 이점이 있으므로 영수증을 수취하여 제출하도록 하여야 한다.

2 항공권 등

법인이 항공기 항행용역사업자로부터 항공기항행용역을 제공받는 경우는 지출증빙서류의 수취 특례에 해당하는 것이며, 이 경우 항공권 등 그 지급 사실이 확인되는 다른 객관적인 자료에 의하여 법인의 각 사업연도 소득금액계산 시 이를 손금에 산입한다. (법인 46012-2087, 2000.10.11)

3 철도승차권과 유료도로 통행료 영수증

한국철도공사로부터 철도의 여객운송용역을 공급받는 경우와 유료도로를 이용하고 통행료를 지급하는 경우 영수증을 수취하면 지출증빙을 인정한다.

4 **전산발매 입장권 등**

전산발매통합관리시스템에 의한 입장권·승차권·승선권 등을 발급하는 사업자는 세금계산서 발급할 수가 없으므로 당해 입장권, 승차권 등이 지출증빙이 되고, 입장권, 승차권에 포함된 부가가치세는 부가가치세 매입세액에서 공제하지 않는다.

 **부동산 취득과 임대의 지출증빙**

토지 또는 주택을 구매하거나 주택의 임대업을 영위하는 자(법인제외)로부터 주택임대용역을 공급받은 경우이다.

1 건물의 취득

건물(토지를 함께 공급받으면 당해 토지를 포함하며, 주택을 제외한다.)을 구입하는 때는 거래내용이 확인되는 매매계약서 사본을 과세표준확정신고서에 첨부하여 납세지 관할 세무서장에게 제출하는 경우

법정지출증빙을 받지 않아도 과세표준확정신고서에 매매계약서 사본을 제출하면 증빙불비가산세의 적용을 받지 않으나, 일반과세자인 개인사업자 또는 법인으로부터 건물(주택제외)을 구입하는 경우에는 부가가치세 매입세액을 공제받기 위하여 건물분에 대하여 세금계산서를 발급받아야 한다. 토지분에 대하여는 계산서를 교부받지 않아도 증빙불비가산세를 적용받지 않는다.

2 토지의 취득

토지와 건물을 동시에 취득하였고 건물에 대하여는 세금계산서를 수취하였으나 토지에 대한 계산서를 수취하지 않은 경우

지출증빙서류의 수취특례 규정인 법인세법 시행규칙 제79조 제6
호의 규정을 적용하여 토지에 대한 지출증빙서류의 수취의무가
면제되어 가산세 부과는 위법이다. (서울행법 2006구합4387, 2006.8.30)

3 부동산의 임대

부동산임대용역을 제공받은 경우로서 전세금 또는 임대보증금
에 대한 부가가치세액(간주임대료에 대한 부가가치세)을 임차인
이 부담하는 경우이다.

 # 포인트 사용과 부여의 지출증빙

1 포인트 사용

법인이 거래처에 지급하는 소비자의 포인트 사용에 따른 금액이 재화나 용역을 공급받고 그 대가를 지급하는 경우에 해당하지 않으면 법정증빙서류의 수취대상이 아니다. 그 지출증빙으로는 지급 사실이 확인되는 서류를 수취하여 보관하면 된다.[2]

2 포인트 부여

자사제품이나 용역을 구입한 고객에게 포인트를 부여하고 당해 고객이 부여받은 포인트를 이용하여 인터넷쇼핑몰사에서 재화를 구입한 대가를 당해 포인트를 부여한 회사에서 지급하는 경우로서, 포인트를 부여한 회사가 인터넷쇼핑몰사에 지급한 당해 대가가 재화나 용역을 공급받은 대가가 아니라면 법정증빙서류를 수취하지 아니한다.[2]

▶ 관련법규

1) 서면2팀 835, 2006.5.12
2) 서면1팀 92, 2006.1.24

8장
지급유형별 지출증빙

복리후생비 지출증빙

1 복리후생비의 종류

복리후생비는 회사의 임직원에 대하여 인적자원으로서의 가치 보존과 기능유지를 위하여 필수적으로 지출되는 비용으로, 세법에서 기업의 그 임원 또는 사용인을 위하여 지출한 복리후생비는 다음에 해당하는 것만 복리후생비로 할 수 있다.[1]

① 직장체육비

② 직장연예비

③ 우리사주조합의 운영비

④ 국민건강보험법에 의하여 사용자로서 부담하는 건강보험료 기타 부담금

⑤ 영유아보육법에 의하여 설치된 직장보육시설의 운영비

⑥ 고용보험법에 의하여 사용자로서 부담하는 보험료

⑦ 기타 임원 또는 사용인에게 사회통념상 타당하다고 인정되는 범위 안에서 지급하는 경조사비

예를 들어 근로자가 회사로부터 근로자의 생일이나 회사의 창립기념일에 지급받는 선물 등은 위의 항목에 포함되지 않는 것이므로 복리후생비가 아닌 과세되는 근로소득의 범위에 포함되는 것이다.[2]

사회통념상 타당한 범위에서 인정한다. 지출결의서(청첩장, 부고장 등을 첨부) 비치

임직원에게 사회통념상 타당하다고 인정되는 범위 안에서 지급하는 경조사비가 복리후생비로서 인정되는데, 사회통념상 타당하다고 인정되는 범위의 경조사비는 회사의 경조사비 지급규정, 경조사 내용, 회사의 지급능력, 종업원의 직위·연봉 등을 종합적으로 고려하여 타당하다고 인정되는 범위의 금액을 말한다.

경조사비가 지급되면 축의금이나 부의금을 수취한 임직원의 인적사항 및 일자가 기재되어 있는 지출결의서를 작성하고 청첩장이나 부고장이 있으면 이를 첨부하여 보관한다.[3]

③ 식비 지원

급여에 포함된 식대는 비과세에서 배제한다. 급여에 비과세되는 식대를 포함하여 지급하면서 실비로 식사대를 지급하는 경우에는 실비로 식사를 제공한 것에 대하여는 회사의 비용으로 인정하지만, 급여에 포함된 비과세 식대에 대하여는 비과세를 배제한다.

다만, 임직원에게 비과세인 식대가 포함되어 있는 급여를 지급하면서, 야간 근무 등의 시간외근무를 하는 경우에 시간외 근무를 위하여 별도로 식사, 기타 음식물(금전제외)을 제공하는 경우에는 야근식대 등이 회사의 비용으로 인정됨은 물론 비과세식

대도 비과세로 인정된다.[4]

4 회식비 지원

법인이 영업사원 등의 복리후생 및 판매활성화를 위하여 영업
전략회의 후 사기진작을 위한 송연회식을 하는 경우 부서별로
일정금액을 정하여 소속직원의 회식비 등으로 사용하기 위해 지
출하는 경우 그 금액이 사회통념상 적정하다고 인정되는 경우에
는 법인의 각 사업연도 소득금액 계산상 손금으로 인정한다.[5]

5 여가활동비 지원

임직원에게 개별적으로 보조하는 비용은 근로소득에 해당한
다. 임직원 개인의 개별적인 헬스·골프·책 등의 여가활동에
대한 비용을 지원해 주는 경우에 당해 비용은 위 복리후생비 내
용에 포함되지 않는다. 따라서 여가활동비에 대하여 법정지출증
빙을 받더라도 회사의 복리후생비로서 경비처리 되는 것이 아니
라 임직원의 상여로 하여 회사의 비용으로 처리하여야 한다.

따라서 임직원 개인의 개별적인 여가활동비로 지원한 금액은
근로소득에 합산하여 원천징수하여 신고하여야 한다.[6]

다만, 임원의 여가활동비에 대하여는 당해 지급금액이 정관,
주주총회 또는 이사회 결의에 의해 결정된 급여지급기준을 초과
한다면 해당 금액은 세법상 비용으로 인정하지 못한다. (이하
'임원의 상여로 간주하는 부분' 에 대하여는 동일하게 적용된
다)

동호회운영비는 복리후생비로 본다. 임직원이 조직한 직장 내 동호회(낚시회, 등산회 등)에 보조금을 지급하는 경우 그 금액이 사회통념상 적정하고 동호회 운영에만 사용되고 개개인의 근로자에게 직접 귀속되지 아니하는 때에는 복리후생비로 처리된다. 당해 보조금의 사용내역에 대하여는 법정지출증빙 또는 영수증 등의 지출증빙을 갖추어야 한다. 단 비사업자에 지출한 경우에는 지출결의서와 송금내역 등으로 지출을 증빙할 수 있는 사항으로 증빙이 가능하다.[7]

사내봉사단체를 지원하기 위하여 사내봉사단체가 기부하는 기부금의 일정부분을 회사에서 보조한다면 이는 임직원을 위한 비용이 아니라 임직원 외의 자를 위하여 사용된 비용이므로 복리후생비에 해당하지 않고 기부금에 해당한다. 따라서 기부금영수증을 수취하지 못하면 회사의 경비로 인정되지 못한다.

특정 임원들 간의 경영관리 회의와 단합 및 사기증진을 위해 골프장 이용료로 지출한 비용은 건전한 사회통념과 상관행에 비추어 정상적인 법인의 지출로 인정할 수 없으므로 법인의 손금에 산입할 수 없으며 관련 지출비용은 해당 임원의 상여로 처분한다.[8]

7 임직원의 자녀 교육비 지원

임직원 자녀에 대한 교육비 지원은 근로소득에 해당한다. 임직원의 업무와 관련된 교육비에 대하여는 교육비납부 영수증 등을 지출증빙하여 비용처리가 가능하다. 그러나 임직원의 자녀에 대한 교육비 지원에 대하여는 당해 임직원의 상여로 보아 근로소득에 합산하여 신고하여야 한다.[9]

8 사망퇴직 근로자의 자녀 학자금 지원

사내 규정에 따라 근로자가 사망한 경우 유가족 자녀에게 대학 졸업 시까지 학자금(퇴직일이 속하는 사업연도에 일시금으로 미확정)을 지원하는 경우 동 학자금은 법인의 각 사업연도 소득금액 계산 시 손금에 산입하지 아니한다.[10]

9 임직원의 자녀 보육비 지원

직장보육시설 운영비만 복리후생비에 해당, 기타 보육비는 급여지만 월 10만원 까지 비과세급여에 해당한다.

영유아보육법에 따라 설치된 직장보육시설의 운영비는 복리후생비로 손금산입할 수 있지만, 직장보육시설이 아닌 보육시설의 보육비를 지원해주는 것은 급여에 해당한다. 다만, 6세 이하 자녀에 대한 보육비 지원에 대하여는 자녀 수에 상관없이 월10만원 이내의 금액을 비과세 근로소득으로 하고 있다.[11]

비과세금액은 월별로 계산하는 것이므로 보육비를 매 분기의 말에 30만원씩 지급한다면 지급하는 월에만 10만원을 비과세 근로소득으로 적용하므로 월별로 지급하여야 할 것이다.[12]

▶ 관련법규

1) 법령 제45조
2) 법인 46013-1378, 1993.5.14. 원천 296, 2009.4.9
3) 서이 46012-11058, 2003.5.27
4) 서면1팀 716, 2008.5.26
5) 서이 2744, 2004.12.27
6) 법인 46013-3401, 1993.11.9
7) 법인 22601-1865, 1992.9.1
8) 서면2팀 1259, 2005.8.3
9) 법인 46012-2449, 1993.8.19
10) 서면2팀 657, 2005.5.4
11) 서일 567, 2006.5.1
12) 원천 1433, 2004.10.2

통신비 지출증빙

1 지출증빙 요건

통신비는 전신·전화료, 우편료 등 통신을 위해서 직접 소요되는 비용이다. 증빙불비가산세 적용을 제외하지만, 부가가치세 매입세액공제를 하기 위하여 세금계산서 수취하여야 한다.

통신료는 증빙불비가산세 적용대상이 아니므로 법정지출증빙이 아닌 납부영수증만 비치하더라도 당해 통신료의 지출이 인정되고 가산세의 부담도 없다. 그러나 전신·전화료에 대하여는 세금계산서를 발급받으면 부가가치세를 납부세액에서 공제할 수 있다.

사업자가 국세청장에게 별도의 세금계산서 서식을 신고하고 이를 사용하는 경우 예외적으로 세금계산서를 발급한 것으로 인정하는데, 전신·전화료 지로영수증이 이에 해당한다. 따라서 지로영수증에 공급받는 자의 상호 및 사업자등록번호가 기재되어 있으면 부가가치세 매입세액이 공제가 가능한 세금계산서가 되는 것이다.

2 업무에 사용한 임직원 전화비

임직원 명의의 전화료 중 사업과 관련된 비용을 회사가 지급한 경우 회사비용으로 처리할 수 있다. 지급내역과 업무관련성 입증자료를 비치하여야 한다.

임직원이 소유하고 있는 휴대전화 등을 회사의 업무에 사용하도록 하고 당해 통신비의 일정액을 회사가 부담하는 경우에 업무수행상 필요하다고 인정되는 부분은 손금에 산입하는 것이나, 그 외 통신비는 당해 직원에 대한 근로소득으로 하여 비용으로 처리하고, 임원은 지급규정에 따라서 세무처리 한다.

임직원 명의의 통신비에 대하여 회사의 비용으로 처리하기 위해서는 통신비 납부영수증과 당해 통신비의 업무관련성을 입증할 자료를 비치하여야 한다. (**법인** 46013-1097, 2000.5.4)

3 여비교통비와 출장비 지출증빙

1 회사규정의 출장비

출장비 등을 법정지출증빙 없이 회사의 지급규정에 따라 일정 금액을 지급한 경우의 경비인정 여부는 회사의 규모, 직급, 출장지역 등에 따라 지급할 금액을 구체적인 지급규정, 사규 등에 의해 지급하는 경우에 경비로 인정한다.

회사의 업무와 관련하여 교통비나 출장비를 지급하는 경우에는 원칙적으로 법정지출증빙을 수취하여 회사의 경비로 처리할 수 있도록 하여야 한다. 그러나 영수증의 분실 등 여러 사유로 실무적으로는 실질적으로 여비 등에 지출된 지출증빙에 의한 금액이 아닌 회사의 지급규정에 따라 지급된 일정금액을 여비 등으로 처리할 수가 있다.

이럴 때 당해 일정금액이 회사의 업무수행상 필요하다고 인정되는 범위 안에서 지급규정, 사규 등 당해 회사의 내부통제기능에 따라 계산되고 작성된 객관적인 자료에 의하여 그 지급 사실이 확인되어 회사에 귀속시키는 것이 정당함이 입증되는 경우에 이를 소득금액 계산상 손금에 산입한다.[1]

그러나 이 경우도 당해 사용인이 숙박비, 교통비 등 각각 지

출한 경비 중 거래 건당 3만원 이상인 재화 또는 용역을 공급받
고 그 대가를 지급한 금액에 대하여 법정지출증빙을 받지 않으
면 증빙불비가산세 규정이 적용된다. 다만, 국외에서는 법정지
출증빙을 받을 수 없으므로 국외에서 지출한 비용에 대하여는
증빙불비가산세가 적용되지 않는다.[2]

회사의 지급규정은 객관적인 자료에 따라 업무수행상 필요한
금액이라고 인정될 금액으로 규정되어 있어야 한다. 따라서 회
사의 지급규정은 회사의 규모, 직급, 출장지역 등에 따라 지급
할 금액을 구체적으로 규정하여야 한다.

또한, 당해 출장이 업무와 관련성이 있는가를 확인하기 위하
여 출장목적, 출장기간, 출장인원 등이 명시된 출장보고서와 출
장비명세서를 작성하면서 이와 관련된 서류를 첨부하고, 수취한
영수증 등도 첨부해 두어야 한다.

2 국외출장자 임금과 출장비 지급기준 사례

《동일지역 장기출장자 임금》

출장일수	지급비율
30일 미만	임금 150% 지급
30일 이상 60일 미만	임금 140% 지급
60일 이상 90일 미만	임금 130% 지급
90일 이상 120일 미만	임금 120% 지급
120일 이상 180일 미만	임금 110% 지급
180일 이상	임금 100% 지급

(사례) 국외출장비 지급기준

(단위: $, 일본: ¥)

구 분	갑 지			을 지			병 지			일 본			연수비	
	숙박	일당	계	숙박	일당	계	숙박	일당	계	숙박	일당	계	숙식 제공	숙제공 식불제공
사장	180	120	300	170	110	280	160	100	260	22,000	14,000	36,000	70	일당지급
전무 이사	170	110	280	160	100	260	150	90	240	20,000	12,000	32,000	60	
부장	160	100	260	150	80	230	140	70	210	17,000	10,000	27,000	50	
차장 과장	140	90	230	140	70	210	130	60	190	15,000	9,000	24,000	40	
대리 사원	130	80	210	130	60	190	120	50	170	13,000	8,000	21,000	40	

○갑 지: 노르웨이, 핀란드, 스웨덴　　○병 지: 갑지, 을지를 제외한 전지역
○을 지: 아시아 - 대만, 홍콩
　　　　유 럽 - 갑지를 제외한 전지역 동구권 및 구소련지역 포함)
　　　　미 주 - 북.남미 전지역
　　　　오세아니아 - 호주, 뉴질랜드
○병 지: 갑지, 을지를 제외한 전지역

3 국외출장자 동반자의 출장비

임직원이 출장하면서 업무수행상 필요한 경우에 가족 또는 사외 자를 동반하는 경우 회사의 경비로 인정한다. 임직원의 가족과 사외 자의 동반자의 경비는 출장하는 임직원의 출장비와 동일하게 지급한다.

다만, 그 동반자가 다음 중 하나에 해당하면 동반자 필요성을 인정한다.[3]

① 그 출장 임직원이 상시 보좌가 필요한 신체 장애인으로 동반하는 경우

② 국제회의의 참석 등에 배우자를 필수적으로 동반하도록 하는 경우

③ 그 여행의 목적을 달성하기 위하여 외국어에 능숙한 자 또는 고도의 전문적 지식을 지니는 자를 필요로 할 때에 그러한 적임자가 법인의 임직원이나 사용인이 아닌 임시로 위촉한 자를 동반하는 경우

4 국외여행경비의 필요경비 산입기준

사업자 또는 종업원의 국외여행에 관련하여 지급하는 여비는 그 국외여행이 해당 사업의 업무수행상 통상 필요하다고 인정되는 부분의 금액에 한한다. 따라서 사업의 업무수행상 필요하다고 인정되지 아니하는 국외여행의 여비와 해당 사업의 업무수행상 필요하다고 인정되는 금액을 초과하는 부분의 금액은 원칙적으로 사업자에 대해서는 출자금의 인출로 하며 종업원에 대해서

는 해당 종업원의 급여로 한다.

다만, 그 국외여행이 여행기간의 거의 전 기간을 통하여 분명히 해당 사업의 업무수행상 필요하다고 인정되는 것이면 그 국외여행을 위해 지급하는 여비는 사회통념상 합리적인 기준에 의하여 계산하고 또한 부당하게 다액이 아니라고 인정되는 한 전액을 해당 사업의 필요경비로 한다.

5 업무상 국외여행의 판단기준

사업자 또는 종업원의 국외여행이 사업상 필요한 것인가는 그 여행의 목적·여행지·여행경로·여행기간 등을 참작하여 판정한다. 다만, 다음에 해당하는 여행은 원칙적으로 해당 사업의 업무수행상 필요한 국외여행으로 보지 않는다.

① 관광여행의 허가를 받아 행하는 여행
② 여행알선업자 등이 행하는 단체여행에 응모하여 행하는 여행
③ 동업자단체·기타 이에 따르는 단체가 주최하여 행하는 단체여행으로서 주로 관광목적이라고 인정되는 것

사업자 또는 종업원의 국외여행이 상기①~③에 해당해도 그 국외여행 기간에서 여행지, 수행한 업무의 내용 등으로 보아 사업과 직접 관련이 있는 것이 있다고 인정되는 때에는 그 여비 가운데 해당 사업에 직접 관련이 있는 부분에 직접 소요된 비용(왕복 교통비는 제외한다.)은 여비로서 필요경비에 산입한다.

자가운전보조금을 주면서 시내출장비를 실비로 지급한 경우에는 자가운전보조금이 비과세급여에서 제외한다.

자가운전보조금이란 종업원 소유차량을 종업원(임원포함)이 직접 운전하여 사용자의 업무수행에 이용하고 시내출장 등에 소요된 실제 여비를 지급받는 대신에 그 소요경비를 당해 사업체의 규칙 등에 의하여 정하여진 지급기준에 따라 지급받는 금액으로서 당해 금액 중, 월 20만원 이내의 금액은 비과세되는 급여로 하고 있다.

그러나 타인(배우자) 명의로 등록된 차량에 대한 자가운전보조금과 출퇴근의 편의를 위하여 보조하는 금액은 과세하는 근로소득에 해당한다.[4]

그런데 종업원 소유차량으로 사용자 업무수행의 이용에 따른 자가운전보조금을 지급받으면서 별도로 그에 소요된 실제비용을 지급받을 때에는 복리후생비의 식대와 마찬가지로 증빙서류가 첨부된 실제비용은 경비가 인정되나 자가운전보조금은 비과세에서 제외되어 과세된다.

즉 급여에 비과세급여인 자가운전보조금을 포함하여 받고 있는 임직원이 사용한 시내출장 경비에 대한 지출증빙을 받아 회사의 경비로 처리하는 경우에는 이중으로 경비를 처리하는 것이 되므로 이 중 자가운전보조금에 대한 비과세를 배제한다.

그러나 비과세대상 자가운전보조금을 지급받고 있는 종업원이 본인이 소유하고 있는 차량을 이용하여 시내출장이 아닌 시외출장에 사용하거나 시외출장 시 대중교통을 이용한 경우에 동 출장에 실제 소요된 유류비·통행료 등과 같은 교통비를 회사가 지급한 경우에는 당해 비용은 자가운전보조금과는 별도로 경비가 인정된다.[5]

7 법정지출증빙을 받을 수 없는 여비교통비

승차권, 택시비, 선불교통카드충전비 등은 지출증빙수취 특례 적용대상이다

출장과 관련하여 숙박업이나 음식점업을 영위하는 사업자에게 재화나 용역을 제공받으면서 현금을 사용한 경우에는 사업자등록을 제시하고 세금계산서 또는 현금영수증을 발급받으면 부가가치세 매입세액을 공제받을 수 있다. 그러나 다음의 사업자에 대하여는 현금사용분에 대한 법정지출증빙을 받을 수 없어 지출증빙수취의 특례가 적용되므로 영수증 등의 지출증빙만 있으면 경비인정 및 증빙불비가산세가 적용되지 않는다.

① 전산발매통합관리시스템에 가입한 사업자로부터 입장권·승차권·승선권에 대하여는 입장권, 승차권 등이 지출증빙이 된다.

② 택시운송용역에 대하여 현금을 지급하는 경우에는 택시비영수증이 지출증빙이 된다. 영수증을 수취하지 못한 경우에는 출발지와 목적지 및 업무내용이 기재되어 있는 여비교통비명세서 또는 지출명세서로 지출증빙으로 할 수 있다.

③ 대중교통을 이용한 때도 출발지와 목적지 및 업무내용이 기재되어 있는 여비교통비명세서 또는 지출명세서로 지출증빙

으로 할 수 있다.

④ 선불교통카드의 충전을 위하여 지출한 금액에 대하여는 지출 사실을 확인할 수 있는 영수증 등을 수취 보관하면 된다.[6]

8 통행료(하이패스 등)에 대한 지출증빙

통행료는 지출증빙 수취 특례 적용대상이며, 민자도로는 해당 홈페이지에서 세금계산서를 받을 수 있다

유료도로를 이용하고 통행료를 지불하는 경우에는 지출증빙수취 특례가 적용되므로 법정지출증빙을 수취할 필요가 없고 통행료에 대한 영수증을 증빙으로 하면 된다. 그렇지만 직접적인 통행료가 아닌 고속도로카드 등을 구입하는 경우에는 다음과 같이 처리하면 된다.

○ 고속도로카드 구입 또는 선불 하이패스카드 충전하는 경우

고속도로카드를 구입하거나 하이패스카드를 충전하기 위하여 지출한 금액도 유료도로 통행료에 해당하는가에 대하여 의문이 있을 수 있다. 일반적으로 고속도로카드를 구입하거나 선불 하이패스카드를 충전하기 위하여 지출된 금액은 일종의 상품권을 구입하는 것으로 보아 상품권 구입과 같이 구입시점이 아닌 사용시점에 경비 처리한다.[7]

따라서 고속도로카드를 구입하거나 하이패스카드의 충전은 상품권 구입과 같이 재화나 용역을 제공받을 수 있는 증표인 통화대용증권에 불과한 것으로서 고속도로카드를 구입하거나 선불하이패스카드를 충전하는 거래자체는 재화나 용역의 공급에 해당

한다고 볼 수 없으므로 구입시점이나 충전시점에는 세금계산서·계산서 및 현금영수증이 발급될 수가 없다.

고속도로카드를 구입하거나 선불하이패스카드를 충전에 지출된 금액은 아직 사용하지 아니한 자산에 해당하는 것이므로 당해 고속도로카드 충전금액이 통행료에 사용된 시점에 현금을 지출한 것과 동일한 것으로 보아 손금에 계상하는 것이고, 통행료이므로 지출증빙수취의 특례가 적용된다. 지출증빙수취의 특례는 적용되지만 비용으로 인정받기 위해서는 업무와 관련성 여부 및 실제 지출한 금액에 대한 증빙서류가 있어야 한다.

선불하이패스카드 중에 기명식인 것에 대하여는 후불하이패스카드에서 설명하는 것과 같이 사용내역에 대하여 월합계계산서 또는 월합계세금계산서를 웹사이트(www.hipassplus.co.kr)에서 발급받을 수 있다.

⏻ 후불 하이패스카드

통행료에 대하여는 법정지출증빙을 받지 아니하여도 되지만, 비영업용 소형승용자동차가 아닌 차량을 운행하면서 부가가치세가 과세되는 도로의 통행에 지급된 통행료에 포함된 부가가치세는 부가가치세 매입세액공제를 받을 수 있으므로 해당 차량을 운행하는 사업자는 통행료와 관련하여 세금계산서를 발급받아야 할 것이다.[8]

한국도로공사가 운영하는 도로에 대한 통행료는 부가가치세가 면제되며, 이 외 유료도로는 부가가치세가 과세되는 통행료에 해당하며, 해당 구간의 통행료에 대한 후불하이패스카드의 사용내역에 대한 월합계 계산서 또는 월합계세금계산서는 웹사이트 (www.excard.co.kr)에서 발급받을 수 있다.[9]

9 여행사에 수수료 외 교통비 등의 지급

여행사에 여행알선용역의 대가를 지급하면서 당해 여행사의 용역에 대한 대가에 해당하는 수수료 외에 교통비, 숙박비, 입장료 등 여행경비를 함께 지급한 후 동 여행경비를 여행사로 하여금 대신 지급하도록 한 때 그 위탁지급한 여행경비에 대하여 당해 회사는 실제용역을 제공한 자로부터 지출증빙서류를 수취하여야 한다.[10]

관련법규

1) 법기칙 19-19…36. 법인 46012-3687, 1999.10.9. 원천세과-602, 2009.7.13
2) 법인 46012-299, 2000.1.31
3) 법기칙 19-19…24
4) 원천 818, 2009.10.1
5) 서면1팀 1016, 2005.8.29
6) 법인 528, 2009.5.4
7) 법인 46012-206, 2000.1.20
8) 법인 504, 2010.5.31
9) 부가 5093, 2008.12.31
10) 서이 46012-11105, 2002.5.27

보험료 지출증빙

1 보험료의 세무처리

법인 또는 사업주가 납부하는 보험료에 대하여는 다음과 같이 수익자가 누구인가에 따라 회사의 회계처리가 달라지고 갖추어야 할 증빙서류도 다르다.

≪수익자와 피보험자의 보험료 처리≫

수익자	피보험자	납부자	자산계상	보험료계상	급여계상
법인	임직원	법인	만기환급금에 상당하는 보험료	자산처리 외 금액	없음
개인 사업주	직원	개인 사업주	업무와 무관	업무와 무관	업무와 무관
법인 임원	법인 임원	법인	없음	일부보험료처리*	보험료처리외 금액
종업원	종업원	법인 개인 사업주	없음	일부보험료처리*	보험료처리외 금액

*단체순수보장성보험·단체환급부보장성보험(연70만원이하), 퇴직연금, 퇴직보험, 퇴직일시금신탁, 임직원업무상 손해보상보험에 해당하는 보험료이다.

② 수익자가 법인인 경우

피보험자를 임원(대표이사 포함) 또는 종업원으로, 수익자를 법인으로 하여 보장성 보험과 저축성 보험에 가입한 경우, 납입한 보험료 중 만기환급금에 상당하는 보험료 상당액은 자산으로 계상하고, 기타의 부분은 이를 보험기간의 경과에 따라 손금에 산입한다. 수익자가 법인이므로 납입한 보험료를 임원 또는 종업원의 근로소득으로 볼 수는 없다. 납입한 보험료의 계약조건을 알아야 하므로 보험증권 및 보험금납입내역을 지출증빙으로 갖추어야 한다.[1]

③ 수익자가 개인사업자 사업주인 경우

개인사업자의 사업주를 수익자로 하는 보험에 대하여는 경비로 인정하지 않는다.[2]

다만, 종업원의 상해를 보험금 지급사유로 하고 사업주를 보험 계약자 및 수익자로 하는 단체상해보험에 가입한 후 종업원의 상해가 발생하여 보험금을 수령하는 경우, 수령한 보험금 및 종업원에게 지급하는 금액은 각각 당해 사업연도의 총수입금액 및 필요경비에 산입한다. 종업원의 근로소득으로 보아 회사의 경비로 처리한다.

그리고 종업원의 부상·질병 또는 사망으로 보험금의 지급사유가 발생하여 종업원 또는 그 유족이 지급받는 보험금은 종업원의 과세대상소득에 해당하지 않는다.[3]

4 법인의 임원이 피보험자와 수익자인 경우

법인의 임원(대표이사 포함)이 피보험자 및 수익자인 경우 지출증빙으로는 보험증권, 납입내역서 및 원천징수를 신고한 서류(원천징수이행상황신고서)를 갖추어야 한다.

임원(대표이사 포함)의 근로소득으로 보는 것이나 세법에서는 정관, 주주총회 또는 이사회 결의에 의해 결정된 급여지급기준을 초과하는 금액은 법인의 손금으로 인정되지 않는다.

5 종업원이 피보험자와 수익자인 경우

종업원이 피보험자와 수익자인 경우 지출증빙으로는 보험증권, 납입내역서 및 원천징수를 신고한 서류(원천징수이행상황신고서)를 갖추어야 한다. 종업원으로 근로소득으로 보아 회사의 경비로 처리한다.[4]

6 보험료로 인정되는 임직원 등이 피보험자·수익자인 보험

피보험자와 수익자가 임직원이지만 임직원의 사망·상해 또는 질병을 보험금의 지급사유로 하고 만기에 납입보험료를 환급하지 아니하는 보험(단체순수보장성보험)과 만기에 납입보험료를 초과하지 아니하는 범위 안에서 환급하는 보험(단체환급부보장성보험)의 보험료 중 연 70만원 이하의 금액은 근로소득으로 보지 않고 회사의 경비로 처리한다.[5]

7 확정기여형 퇴직연금

확정기여형 퇴직연금이란 사용자의 부담금 수준이 사전에 결정되고, 근로자가 받을 퇴직급여는 적립금 운용실적에 따라 변동되는 연금제도를 말한다. 퇴직금중간정산과 같이 매년 정산하는 방법이다.[6]

세법에서는 다음과 같이 납부 시에는 전액 손금으로 인정하고 임원에 대해서만 퇴직 시 한도 초과액에 대해 세무처리를 한다.

내국법인 또는 개인사업자가 임원 또는 사용인의 퇴직을 퇴직급여의 지급사유로 하고 임원 또는 사용인을 수급자로 하는 연금 중 확정기여형 퇴직연금 등(근로자퇴직급여보장법 제13조, 제26조)의 부담금은 불입한 사업연도에 전액 손금에 산입한다.

다만, 임원에 대한 부담금은 법인이 퇴직 시까지 부담한 부담금의 합계액을 퇴직급여로 보아 퇴직금 한도 초과액을 계산하되, 손금산입 한도 초과금액이 있으면 퇴직일이 속하는 사업연도에 손금에 산입하지 아니하거나 익금에 산입한다.

8 확정급여형 퇴직연금, 퇴직보험 또는 퇴직일시금신탁

확정기여형 퇴직연금 이외의 퇴직보험료(퇴직보험, 퇴직일시금신탁, 확정급여형퇴직연금)에 대하여는 다음의 ①금액과 ②금액 중 적은 금액을 한도로 손금에 산입한다.[7]

① 퇴직금추계액기준

= {(당기 말 퇴직급여추계액 − 당기 말 퇴직급여충당금 손금산입누계액) − 이미 손금에 산입한 보험료 등}

② 퇴직보험예치금 기준

> = (당기 말 퇴직보험예치금 등 − 이미 손금에 산입한 보험료 등)

9 임직원의 업무상 손해배상 보험

임직원의 업무상 행위로 손해의 배상청구를 보험금의 지급사
유로 하고 임직원을 피보험자로 하는 보험은 회사의 경비로 처
리한다. 그러나 당해 보험이 임직원의 고의·중과실로 인한 손
해의 배상청구를 보험금의 지급사유로 하는 경우를 포함하는 때
에는 회사의 경비로 처리되지 않는다.[8]

▶ 관련법규

1) 서면2팀 1631, 2006.8.28
2) 서면1팀 389, 2005.4.11
3) 서면1팀 952-2006.7.12, 서면1팀 1114-2005.9.23
4) 소령 제38조①12, 서면2팀 1631-2006.8.28
5) 소령 제38조① 12호나
6) 법령 제44조의2, 소득 제55조③
7) 법준 26-44의2-1
8) 소령 제38조①12마

5 운송비 지출증빙

1 지출증빙서류

운송비를 지급하면서 운수업자로부터 건당 3만원 이상의 용역을 공급받을 때에는 세금계산서 등의 법정지출증빙을 갖추어야 한다. 다만, 운수업자가 간이과세자 등은 지출증빙의 특례를 적용받는다.

· 세금계산서, 신용카드매출전표, 현금영수증, 송금증

2 간이과세자 운수업자

금융기관을 통하여 송금하고 송금명세서를 첨부하면 증빙불비가산세 규정을 적용받지 않는다.

간이과세자인 운수업자로부터 운송용역을 공급받고 금융기관을 통해 대가를 지급하고 법인세 또는 종합소득세의 과세표준신고서에 송금사실을 기재한 경비 등의 송금명세서를 첨부하여 납세지 관할 세무서장에게 제출하는 경우에는 증빙불비가산세의 규정을 적용하지 않는다.[1]

사업자등록을 하지는 않았으나 매출규모가 간이과세자에 해당하는 운수업자로부터 운송용역을 공급받고 금융기관을 통해 대가를 지급한 경우에도 송금명세서를 과세표준확정신고서에 첨부

하여 제출하는 경우에는 경비 등의 지출증빙특례 규정이 적용된다.[2]

○ 간이과세자에게 은행에서 지급한 경우

학원을 운영하는 사업자가 간이과세자에 해당하는 개인셔틀버스운영업자와 용역계약을 체결하여 학원생들을 수송하게 하는 경우 용역대가를 금융기관을 통하여 지급하고 과세표준확정신고서에 송금명세서를 첨부하여 제출하는 때에는 증빙불비가산세가 적용되지 않는다.[3]

○ 운수업자가 외국운송업자인 경우

국내사업장이 없는 외국법인이나 비거주자로부터 직접 운수용역을 공급받은 경우에는 경비 등의 지출증빙특례 규정이 적용된다.[4]

③ 운송주선업자의 운송주선용역

○ 항공수출의 경우

항공수출의 경우 운송비를 지급하는 모든 금액에 대해 운송주선업자로부터 세금계산서를 수취하여야 한다. 그러나 운송비를 수입당사자인 국내사업장이 없는 외국법인 또는 비거주자에게 지급할 때에는 세금계산서를 받을 수 없다.[5]
  · 운송비 : 세금계산서,
  · 비거주자 : 송금명세서, 송금증

○ 항공수입의 경우

운임부분에 대하여는 지출증빙특례가 적용되어 운임지급에 대하여는 관련 증빙만 수취하면 되고, 알선수수료에 대하여만 운송주선업자로부터 세금계산서를 수취하면 된다. 그러나 국내수입화주가 운임의 결정권을 가지고 화주가 운임을 지급 경우에는 운임을 포함한 모든 대가를 영세율로 하여 세금계산서를 발급받아야 한다.

♻ 외국운송주선업자에 지급하는 운송료

법인이 운송주선업자에게 운송주선용역의 대가를 지급하면서 당해 용역의 대가에 해당하는 취급수수료 외에 외국운송업자가 제공하는 용역의 대가인 항공운임을 함께 지급한 후 그 항공운임을 운송주선업자로 하여금 대신 외국운송업체에 지급하도록 한 경우에도 당해 법인이 실제용역을 제공한 자로부터 지출증빙서류를 수취하여야 하나, 외국운송업자가 제공하는 용역이 지출증빙서류의 수취 특례에 규정되어 있는 항공기의 항행용역에 해당하는 경우에는 지출증빙의 수취 특례가 적용된다.[6]

♻ 해상수출 및 수입의 경우

운임을 포함한 지급한 모든 금액에 대하여 운송주선업자로부터 세금계산서를 수취하여야 한다.

▷ 관련법규

1) 법칙 제79조10호다목	2) 서면1팀 1160, 2004.8.20
3) 소득 46011-380, 2000.3.22	4) 소령 제208조의2항4호
5) 재소비 46015-61, 2000.2.9	6) 서이 46012-10108, 2001.9.5

 # 세금과 공과금 지출증빙

1 지출증빙서류

세금은 세법에 따라 부과된 국세·지방세를 말하고, 공과금은 국가·지방자치단체·공익단체 등의 공공기관에서 공공적 지출에 충당할 목적으로 징수하는 부과금을 말한다. 세금 및 공과금은 납부영수증으로 지출증빙서류이다.

· 납부영수증

2 교통유발부담금, 환경개선부담금

임차료에 포함되므로 건물주가 일반과세자이면 세금계산서를 받아야 한다. 회사가 건물을 임차하면서 임차료금액에 건물주가 부담할 공과금인 교통유발부담금, 환경개선부담금의 비용을 포함하기로 당사자 간에 결정한 경우에 동 지급하는 금액은 임차비용으로 보아 건물주 일반과세자이면 세금계산서를 발급받고, 간이과세자이면 금융기관을 통해 송금하고 경비 등 송금명세서를 제출하면 된다.

· 세금계산서

3 임차인이 부담하는 부가가치세

간이과세자인 건물주의 부가가치세를 임차인이 부담하기로 한 경우 임차료에 포함되어 임차료와 같이 처리한다. 간이과세자인 건물주의 부가가치세를 임차인이 부담하기로 한 경우의 당해 부가가치세는 임차료의 일부로 본다. 따라서 임대인이 간이과세자이므로 임차료를 금융기관을 통해 송금하고 경비 등 송금명세서를 제출하면 된다.

· 송금명세서, 영수증

7 지급수수료 지출증빙

1 지출증빙서류

일정 용역(서비스)의 제공에 대해 지급하는 대가인 지급수수료에 대하여는 용역을 공급하는 상대방의 사업자등록 여부에 따라 지출증빙이 달라진다.

사업자등록이 되어 있는 경우에는 세금계산서 등의 법정지출증빙을 받아야하고, 사업자등록이 없는 경우에는 원천징수(사업소득 또는 기타소득으로 보아 원천징수)하여 인건비에서 설명한 바와 같이 원천징수이행상황신고서에 의한 신고와 납부를 하여야 한다.

· 세금계산서, 계산서, 원천징수영수증

2 부동산 중개 수수료

지출증빙 수취 특례가 적용하지만, 세금계산서를 수취하는 것이 좋다. '공인중개사의 업무 및 부동산 거래신고에 관한 법률'에 의한 중개업자에게 용역을 공급받고 거래금액을 금융기관을 통하여 지급한 경우로서 법인세와 종합소득세의 과세표준신고서에 송금사실을 기재한 경비 등의 송금명세서를 첨부하여

제출하는 경우에는 지출증빙의 특례가 적용된다.[1]

지출증빙으로는 송금내역서와 거래상대방의 인적사항을 기재하여 비치한다. 그러나 부동산중개업자가 일반과세자이면 부가가치세매입세액을 공제받기 위하여 세금계산서 등 법정증빙을 수취하여야 한다.

3 비거주자 지급

사업과 관련하여 국외에 있는 비거주자로부터 용역을 제공받고 대가를 지급하는 경우 인적용역과 사용료소득을 구분하고 조세조약에 따라 처리한다.

○ 비거주자에게서 인적용역을 공급받은 경우

외국에 있는 비거주자로부터는 지출증빙을 받을 수 없으므로 업무와 관련하여 비거주자에게 지급한 커미션이 객관적으로 확인되는 경우에는 법정지출증빙 없이 지급수수료로서 필요경비에 산입할 수 있다. 지급여부가 객관적으로 확인되는 경우라 함은 관련 증빙에 의하여 사실판단할 사항이기는 하나, 그 지급이 가장 객관적으로 확인될 수 있기 위하여는 외화송금 등을 통하여 지급하는 것이 바람직하다.[2]

○ 비거주자에게 사용료를 지급하는 경우

다음에 해당하는 권리 등을 국내에서 사용하면서 그 대가를 비거주자에게 지급하는 경우에는 국가 간 조세조약에 의한 원천징수세율을 적용한 원천징수를 하여 원천징수이행상황신고서에 의한 신고와 납부를 하여야 한다.

① 학술 또는 예술상의 저작물(영화필름 포함)의 저작권·특허권·상표권·디자인·모형·도면이나 비밀의 공식 또는 공정·라디오·텔레비전방송용 필름 및 테이프 기타 이와 유사한 자산이나 권리

② 산업상·상업상 또는 과학상의 지식·경험에 관한 정보 또는 노하우

2 법무사가 작성한 영수증

법무사로부터 서비스를 받으면서 법무사 수수료에 대하여는 세금계산서, 등록세·교육세·증지에 대하여는 공과금 납부영수증을 받았지만, 그 외 등록대행료, 제증명비, 일당, 교통비, 확인서면 등에 대하여는 법무사에서 자체적으로 작성한 서식의 영수증을 받았을 때 법무사가 작성한 서식의 영수증에 대하여는 적격증빙으로 보지 않는다.

따라서 공과금에 대하여는 납부영수증을 기타 대행료에 대하여는 각각의 영수증을 받아야 하고 그 금액이 거래단위별로 금액이 3만원을 초과하면 적격증빙인 세금계산서, 계산서, 신용카드매출전표, 현금영수증을 수취하여야 한다.[3]

· 증빙: 세금계산서, 계산서, 신용카드매출전표, 현금영수증

▶ 관련법규

1) 법칙 제79조10호바목
2) 서면2팀 2156, 2005.12.22
3) 법인 46012-352, 2000.2.8

186

 **임차료 지출증빙**

1 간이과세자로부터 사무실 임차

세법상 간이과세자(직전연도 1역년의 공급대가가 4,800만원 미만)에 해당하는 임대사업자로부터 부동산 임대용역을 공급받는 경우(임차료를 금융기관을 통해 송금하고 경비 등 송금명세서를 제출함)에는 증빙불비가산세의 적용을 받지 않는다. [1]

다만, 무등록사업자로부터 사무실을 임차하는 경우 법정증빙을 수취할 수 없으므로 지급한 임차료에 증빙불비가산세를 납부하여야 한다.

2 개인으로부터 주택 임차

법인이 아닌 개인으로부터 주택을 주거용으로 임차한 경우에만 지출증빙수취 특례가 적용된다. 개인으로부터 주택임대업을 영위하는 자로부터 주택임대용역을 공급받는 경우에는 계산서를 수취하지 않아도 되며 지출증빙서류로는 임대차계약서와 임차료 송금내역서를 갖추면 된다. 그러나 다음의 경우에는 주의하여야 한다

⏻ 법인으로부터 주택을 임차한 경우

  주택임대업을 영위하는 법인으로부터 주택임대용역을 공급받
은 경우에는 계산서를 수취하여야 한다.[2]

⏻ 사무실 용도로 주택을 임차한 경우

  주택을 주거용이 아닌 사무용으로 임차한 경우에는 주택임대
가 아닌 사무실임대로 본다. 따라서 임대인이 간이과세자에 해
당되는 경우에는 임차료를 금융기관을 통해 송금하고 경비 등
송금명세서를 제출하면 되는 것이지만, 일반사업자에 해당되는
경우에는 세금계산서를 수취 보관하여야 한다.

3 리스료의 지출증빙

  금융리스는 차입과 같은 금융거래이므로 지출증빙수취 특례가
적용되고, 운용리스는 면세대상 임차료이므로 계산서를 수취하
여야 한다. 리스는 리스 대상자산의 소유권은 이전되지 않지만,
사용권이 이전되는 것으로서, 해당 리스자산의 효익과 위험부담
이 대부분 리스이용자에게 이전되는 금융리스와 리스자산의 효
익과 위험부담이 대부분 이전되지 않는 운용리스로 구분된다.

⏻ 금융리스의 지출증빙

  금융리스는 리스회사(시설대여업법에 의하여 인가를 받은 시
설대여회사를 말함)가 리스이용자에게 리스자산을 매매하고 리
스이용자가 리스회사로부터 매매대금을 차입한 것으로 본다. 따
라서 금융리스에 대한 리스료는 원금과 이자비용을 지급하는 금

188

융거래이므로 법정지출증빙이 아닌 리스계약서와 리스료지급내역을 증빙으로 갖추면 된다.[3]

⟳ 운용리스의 지출증빙

운용리스는 리스회사가 리스이용자에게 리스자산을 임대한 것으로 본다. 따라서 운용리스에 대한 리스료는 임차료로서 법정지출증빙을 수취하여야 한다. 운용리스에 대한 리스료는 면세에 해당하므로 계산서를 수취하여야 한다. 운용리스에 대한 리스료청구서인 지로용지가 대부분 계산서로 사용할 수 있도록 승인받은 것이므로 이를 수취하여 계산서합계표에 기재하여 신고하면 된다.[4]

⟳ 리스자산의 부가가치세 매입세액공제

리스이용자가 시설 등을 리스회사로부터 금융리스 또는 운용리스로 구입하는 경우에 당해 시설 등을 공급자로부터 직접 인도받는 경우에는 당해 공급자로부터, 수입하는 경우에는 세관장으로부터 세금계산서를 발급받아 부가가치세매입세액을 공제받아야 한다.[5]

▶ 법규

1) 서면2팀-859, 2007.5.7
2) 소령 제95조의2 제6호
3) 소득 46210-3017, 1998.10.9
4) 서면2팀 2607, 2004.12.13
5) 서면3팀 636-2005.5.10), 서면3팀 561-2006.3.23

9 건물관리비 지출증빙

건물관리비는 사업자가 상가 등 건물의 청소·경비·시설관리 용역 등을 위탁받아 동 용역을 공급하고 그 대가를 받는 경우와 입주자들이 자치적으로 상가 등을 관리하기 위하여 공동자치관리기구 등을 조직하여 입주자들로부터 관리비를 받는 경우로 구분하며, 이에 따라 수취하는 지출증빙이 다르다.

1 위탁받은 사업자의 관리용역

위탁받은 사업자는 영리사업자이므로 법정지출증빙을 수취하여야 한다. 건물입주자가 관리용역을 위탁받은 사업자에게 청소·경비·시설관리용역 및 전기료, 수도료 등을 관리비에 포함하여 관리비로 납부하는 경우에는 과세대상 관리비 항목에 대하여는 세금계산서를 면세대상 관리비 항목에 대하여는 계산서를 수취하여야 한다.

● 공동매입 등에 대한 세금계산서 발급방법

건물관리와 관련하여 재화 또는 용역을 공급받고 집합건물 관리사업자의 명의로 세금계산서를 교부받는 경우에 당해 세금계산서의 공급가액 범위 내에서 그 비용을 실질적으로 부담하는

입주자 등에게 세금계산서 발급할 수 있다.[1]

2 공동관리자의 관리비

입주상인들이 자치적으로 조직한 공동주택자치관리기구 등에 관리비를 납부하는 경우 자치기구는 비영리사업자이므로 법정지출증빙을 받을 수는 없으나, 자치기구명의로 고지받은 전기료 등에 대하여 실부담자인 입주자는 자치기구로부터 세금계산서를 받을 수 있다

집단상가의 입주상인들이 자치적으로 상가를 관리하기 위하여 사업상 독립적으로 재화 또는 용역을 공급하는 사업자에 해당하지 아니하는 주택건설촉진법 제38조 및 공동주택관리령 제11조의 공동주택자치관리기구 또는 집합건물의소유및관리에관한법률 제23조의 규정에 의한 관리단에 공동주택 및 집합건물에 대한 관리비를 지출하는 경우에는 법정지출증빙 수취의 제외대상에 해당한다. 따라서 관리비영수증과 납부내용을 비치한다.[2]

세금계산서를 수취하지 않아도 증빙불비가산세의 적용은 받지 않으나, 관리비 중에 전기료 등 부가가치세를 포함하여 납부한 내용이 있는 경우에 당해 전기료 등에 포함된 부가가치세를 납부세액에서 공제하거나 환급받으려면 공동주택자치관리기구 등으로부터 세금계산서를 수취하여야 한다.

즉 공동주택자치관리기구 등은 비영리사업자이므로 원칙적으로는 세금계산서를 발행할 수 없지만, 공동주택자치관리기구 등이 세무서로부터 고유번호를 부여받고 건물입주자들이 실지로

소비하는 재화 또는 용역에 대하여 명의자인 자치관리기구가 세금계산서를 발급받은 경우에는 그 발급받은 세금계산서에 기재된 공급가액의 범위 내에서 해당 재화 또는 용역을 실지로 소비하는 입주자들에게 공동주택자치관리기구 등이 세금계산서를 발급할 수 있다. 세금계산서를 발급받은 입주자들은 부가가치세매입세액이 불공제되는 경우를 제외하고는 자기의 매출세액에서 공제할 수 있는 것이다.[3]

3 건물주에게 관리비

월정액관리비는 임대료와 같이 처리한다. 전기료 등의 실비를 관리비로 지급하는 경우에는 세금계산서(건물주가 간이과세자인 경우도 포함)를 받아야 한다.

○ 월정액관리비를 지급하는 경우

월정액의 관리비로 지급하는 경우에 당해 금액은 부동산 임대관리에 따른 대가에 포함되는 것이므로 임대인이 간이과세자에 해당되는 경우에는 임차료를 금융기관을 통해 송금하고 경비 등 송금명세서를 제출하면 되는 것이지만, 일반사업자에 해당되는 경우에는 세금계산서를 수취 보관하여야 한다.

○ 건물주에게 직접 전기료 등을 지급하는 경우

직접 사용한 전기료·가스료 등에 대한 금액을 건물주에게 지급하는 경우 월정액관리비와는 별도로 건물입주자가 직접 사용한 전기료·가스료 등에 대하여 건물주의 명의로 세금계산서를 발급받고, 건물주는 건물입주자에게 부가가치세가 과세되는 재

화에 대한 요금을 별도로 계산하여 구분 징수하고 납입을 대행
하는 경우에는 건물주가 간이과세자인지 일반과세자인지 여부와
는 상관없이 사업자등록만 되어 있다면 부가가치세를 공제 또는
환급 받기위하여 건물입주자는 건물주로부터 건물입주자가 직접
사용한 전기료 등의 금액을 한도로 세금계산서를 수취하여야 한
다.

간이과세자는 원칙적으로 세금계산서를 발행할 수 없지만, 건
물입주자가 직접 사용한 전기료·가스료 등 부가가치세가 과세
하는 재화에 대하여 건물주의 명의로 세금계산서를 받은 경우에
는 발급받은 세금계산서에 기재된 공급가액의 범위 내에서 해당
재화 또는 용역을 실지로 소비하는 건물입주자들에게 세금계산
서를 발급할 수 있다. [4]

▶ 법규

1) 부가 1313, 2010.10.5
2) 법인 46012-351, 2000.2.8
3) 부가 1251, 2010.9.17
4) 부기칙 16-58-8

 # 견본품비 지출증빙

　회사가 견본품을 무상으로 제공하는 것이 건전한 사회통념과 상관행 등에 비추어 정상적인 거래라고 인정될 수 있는 범위내의 경우에는 판매부대비용에 해당한다. 무상으로 제공하는 것이므로 견본품비는 접대비와의 구분을 명확히 하여야 한다.

1　견본품비와 접대비의 구분

　견본품 배부계획 및 지급기준, 특수관계 여부 등 종합적으로 검토하여 판단한다.

　견본품비는 무상으로 제공하는 것이 건전한 사회통념과 상관행 등에 비추어 정상적인 거래라고 인정될 수 있는 범위내에서만 인정된다. 따라서 정상적인 상행위의 기준을 초과하거나 판매회사인 대리점의 이익보장을 위한 지원성격인 경우 또는 특정 거래처에만 제공하는 때에는 접대비에 해당한다.

　즉 견본품과 접대비의 구분은 견본품 배부계획, 지급 및 공사 기준, 판매점과의 특수관계 여부 등을 종합적으로 검토하여야 한다. 따라서 견본품을 배부하는 경우에는 견본품 배부계획 및 이와 관련된 서류를 갖추어 두어야 한다.

접대비로 제공된 재화는 부가가치세법상 과세하는 공급에 해당하므로, 무상으로 제공되는 재화가 접대비에 해당하면 지급한 재화의 시가에 10%에 상당하는 금액을 부가가치세로 납부하여야 하며, 다른 접대비와 합산하여 접대비 한도 초과금액을 계산하여야 하기 때문이다.

2 견본품의 광고선전비 사례

주방용기기 제조업을 영위하는 법인이 건설회사의 승낙아래서 아파트분양용 모델하우스 내에 견본제품을 자기계산과 책임하에 설치·전시함에 따라 발생하는 당해 자산의 감가상각비, 폐기손실 등의 비용(당해 자산의 소유권을 건설회사에 이전하는 경우에는 접대비에 해당 함)은 당해 법인의 광고선전비로서 이를 손금에 산입한다.[1]

3 견본품의 접대비 사례

의료용 소모품을 수입·판매하는 법인이 불특정다수인이 아닌 특정한 병·의원에 사회통념상 단순한 견본품으로 보기 어려운 수량의 의료용 소모품을 무상으로 제공하는 경우 동 의료소모품 가액은 접대비로 보는 것이다.[2]

쟁점견본품을 매월 각 영업소에서 각 대리점 등의 판매실적, 지역별 판매전략 등을 고려하여 사후적으로 차등 공급하였고, 내부결재문서에 의하면 쟁점견본품을 무상으로 공급하는 목적이 대리점 등의 이익을 보장하기 위해 지급한다는 내용이 기재되어

있고, 불특정다수인에게 다시 무상으로 배포한 사실이 확인되지
않는 점 등으로 볼 때 접대비로 보아 과세한 처분은 달리 잘못
이 없다고 판단된다.[3]

▶ 관련법규

  1) 서면2팀 1450, 2006.7.31
  2) 법인 46012-2253, 1993.7.29
  3) 국심 2000서1955, 2001.1.31

이자비용 지출증빙

1 사용별 이자비용 지출증빙

회사가 영업목적에 직접 사용된 부채에 대한 이자비용은 회사의 경비로 인정된다. 이자비용은 금융비용이므로 법정지출증빙을 받을 수는 없고 다음의 증빙과 사용용도에 대한 객관적인 증빙자료를 갖추어야 한다.

① 금융업을 하는 사업자로부터 차입한 경우 금융기관으로부터 당해 이자에 대한 이자지급내역만 확인한다.

② 금융업을 영위하고 있지 않는 개인 또는 법인으로부터 차입한 경우 이자지급내역뿐만 아니라 당해 이자소득에 대하여 원천징수(27.5%)하여 원천징수이행상황신고서에 의한 신고를 하여야 회사의 비용으로 인정될 수 있다.

③ 차입금의 명의자와 실질적인 차용인이 다른 경우의 증빙자료는 법인·개인사업주가 객관적으로 명확하게 구분된 실질적인 차입자라면 은행에 이자를 직접 지급한 것으로 보아 명의자로부터 원천징수를 하지 않는다.

금융기관으로부터 차입하면서 타인 또는 타법인의 명의로 차입을 하였지만 실질적인 차입자가 당해 법인이나 개인사업자의 사업주라면 당해 차입금에 대한 이자비용에 대하여는 타인 또는 타법인에 원천징수하지 않고 은행에 직접 지급한 것으로 보아 비용으로 처리할 수 있다.

실질적인 차입자가 되려면 금전대차의 체결, 담보의 제공, 차입금의 수령, 각종 비용의 부담, 위험부담관계 등으로 명확하게 입증되어야 한다. 즉, 차입을 할 때에 비용을 법인 등이 직접부담하고 법인 등의 업무에 사용한 것이 명확하고, 이자부담도 법인 등이 직접 부담하는 등의 객관적인 자료에 의하여 명확하게 구분되어야 한다.[1]

위의 내용에서 '담보의 제공'이란 차입금은 당해 법인이나 개인사업자가 영업을 위하여 실질적으로 사용하고 이자를 지급하였지만, 타인이 타인본인명의의 자산을 담보물건으로 제공한 경우에는 당해 차입금의 실질적인 차용인은 담보물건을 제공한 명의자로 한다는 내용이다. 따라서 당해 차입금에 대한 이자비용을 회사의 경비로 처리하기 위하여는 원천징수를 하여야 한다.[2]

2 원천징수하여야 할 이자비용

금전대여를 사업목적으로 하지 않는 자로부터 즉 일반 개인이나 법인으로부터 자금을 차입하고 이에 따른 약정된 이자를 지급하는 경우에는 원천징수하여 신고·납부 하여야 한다. 채권자가 불분명한 사채의 이자에 대하여는 세법상 비용으로 인정되지 않으므로 정확한 인적사항을 알아두어야 한다.

지급이자에 대한 원천징수 세율은 27.5%이다(주민세포함).

198

③ 원천징수 대상 이자비용의 지출증빙

금융기관 등이 아닌 자에게 지급하는 이자비용을 비용으로 인정받기 위해서는 다음과 같이 비치 · 신고 · 납부 · 제출한다.

① 채무와 관련된 계약서 비치

② 계좌이체확인서(또는 무통장입금증) 비치

③ 원천징수이행상황신고서에 의한 신고 및 납부

④ 다음 해 2월 말일까지 지급조서 제출

○ 법원판결에 의하여 지급받는 법정이자의 소득 구분

임대차기간 만료 후 임대인이 임대보증금을 지체하여 반환함으로써 법원의 판결에 따라 임차인이 지급받는 법정이자는 기타소득에 해당한다. 따라서 기타소득에 대한 원천징수인 22%(주민세 포함)를 원천징수하여야 한다.[3]

○ 채권자로부터 면제받은 이자소득에 대한 법인세 원천징수

아파트 건설시행사인 법인이 자금조달을 위하여 시공회사로부터 자금을 차입하면서 금전대여(차입)약정을 하였으나 경제적 어려움으로 인해 당초 상환하기로 약정한 원리금을 일부 면제받기로 하고 재약정을 한 경우, 그 면제받는 기간 경과분 이자는 원천징수대상 이자소득금액에 해당한다.[4]

○ 약속어음 할인료에 대한 원천징수 세율

금융업을 영위하지 않는 자가 어음을 할인하고 지급받는 할인료는 비영업대금의 이익으로 보아 25%의 원천징수세율을 적용한다.[5]

◎ 관련법규

1) 법기칙 4-0…(8), 서면2팀 373-2008.3.3, 서면1팀 1251-2007.9.7
2) 법인 46012-2006, 2000.9.29
3) 재정부 소득 183, 2010.4.9
4) 원천 665, 2009.8.5
5) 원천 575, 2009.7.7

12 기부금 지출증빙

1 기부금의 비용처리

기부금은 특수관계가 없는 자에게 대가 관계없이 타인에게 무상으로 금품이나 이에 상당하는 자산을 제공하는 것을 말한다. 대가관계 즉 반대급부가 있다면 특정인에게 지급되었는가에 따라 접대비 또는 광고선전비로 분류된다.

기부금은 회사의 이익을 한도로 전액인정 되는 기부금('법정기부금'이라 함)과 회사이익의 일정비율을 한도로 인정되는 기부금(지정기부금) 및 전액 비용으로 인정되지 않는 기부금(비지정기부금)으로 구분된다. 어떠한 기부금이라도 지출증빙이 없으면 대표이사가 개인용도로 지출한 것으로 처리될 수 있으므로 기부금영수증은 수취하여야 한다.

또한, 기부금은 기부금품 등이 실질적으로 지출된 때에만 비용이 인정되므로 기부할 것을 약정한 약정서를 작성하였거나 어음으로 기부한 경우 등에는 약정서를 작성한 시점이나 어음을 지급한 시점에는 기부금으로 비용으로 처리하지 않고, 약정에 의해 기부금을 지급한 날이나 어음만기일에 결제가 이루어진 시점에 기부금으로 비용으로 처리한다.

❷ 기부금의 지출증빙

기부금영수증을 받아야 하나, 곤란한 경우에는 무통장입금증 등을 지출 증빙으로 할 수 있다. 국외기부금은 천재·지변 등에 의한 이재민을 위한 기부금만 비용으로 인정된다.

⟳ 기부금영수증의 수취

기부금을 받는 단체나 개인은 대부분 비영리단체이므로 회사의 경비로 처리하기 위하여는 법정지출증빙이 아닌 세법에서 정하고 있는 기부금영수증을 받고 법인세나 종합소득세 신고할 때에 기부금명세서를 작성하여 제출하여야 한다.

⟳ 기부금영수증을 받기 곤란한 경우

금융기관 등을 통하여 무통장입금 등의 방법으로 기부금을 지출하는 경우 무통장입금증 등에 기재된 수신처 명의 등에 의하여 기부금의 지출사실 및 기부목적이 확인되는 경우에는 동 무통장입금증 등을 기부금영수증으로 갈음할 수 있다.[1] (서이 46012-11239, 2003.6.3)

불우이웃을 돕기 위하여 지출하는 기부금은 세법상 비용으로 인정되는 기부금으로 인정되는 것으로서, 저소득층 노인에게 무료급식을 제공하는 등 불특정 다수인을 대상으로 지출한 기부금으로 사실상 영수증 수취가 불가능한 경우로서 기부금영수증 이외의 객관적인 증빙서류에 의해 기부목적 및 기부금 지출사실 등이 확인되는 경우에는 당해 증빙서류를 기부금영수증에 갈음할 수 있다.[2] (법인-890, 2009.8.3)

⏻ 국외지급 기부금

법인이 국외의 천재·지변 등으로 생긴 이재민을 위한 구호금품을 해외단체에 직접 기부하고 동 단체로부터 세법에 정하여진 기부금영수증이외의 기부금 영수증을 수령하는 경우 동 기부금은 당해 사업연도의 소득금액계산에 있어서 손금산입 할 수 있다. 이 경우에도 해외로 지출하는 기부금은 정부가 지정한 해외 이재민을 위한 구호단체에 지출한 기부금만 공제되는 것이며, 정부는 해외 재난발생시 수시로 모집처를 허가하고 있다.[3]

해외의 천재·지변 등으로 생긴 이재민을 위한 구호금품이외의 기부금을 해외단체에 기부한 경우에는 세법상 비용으로 인정되지 않는다.

③ 기부금의 비용인정 단체

세법에서 정하고 있지 않은 단체에 기부하는 경우에는 비용으로 인정되지 않는다. 기부금을 특정단체에 기부하는 경우에 해당 단체가 세법에서 정하고 있는 기부금 대상단체가 아닌 경우에는 세법상 경비로 인정되지 않는다.

예를 들어 불우이웃을 돕기 위하여 기부금품을 모집하는 단체에 기부한 경우에 해당 단체가 기부금품모집규제법(제4조) 규정에 의하여 기부금품의 모집허가를 받은 경우가 아니라면 세법상 비용으로 인정받을 수 없다.

세법에서 정하고 있는 기부금대상단체에는 국가, 지방자치단체, 사립학교법 등에 의해 설립된 교육기관, 각종 법률에 의하

여 설립된 문화·복지·연구기관, 의료기관, 종교기관, 기획재정
부령에 의해 등록된 공익성기부단체 등이 규정되어 있다.

　이처럼 세법에서 정하고 있는 기부금 대상단체는 매우 많으므
로 기부금을 지급하면서 해당 기부금을 받는 단체가 세법상 비
용으로 인정받을 수 있는 단체인지 여부를 확인하기는 어려우므
로 기부금을 받는 단체가 세법에서 정하고 있는 기부금 대상단
체인지 여부는 조세전문가에게 조력을 받는 것이 좋을 것 같다.

▶ 관련법규

1) 서이 46012-11239, 2003.6.3
2) 법인 890, 2009.8.3
3) 법기칙 24-0-4. 법인 3633, 2008.11.26

일련번호		기부금 영수증

1. 기부자

성 명		주민등록번호 (사업자등록번호)	
주 소			

2. 기부금 단체

단 체 명		주민등록번호 (사업자등록번호)	
소 재 지			

3. 기부금 모집처(언론기관 등)

단 체 명		사업자등록번호	
소 재 지			

4. 기부내용

유 형	코 드	구 분	년 월	내 용	금 액

「소득세법」 제34조, 「조세특례제한법」 제73조, 제76조 및 제88조의4에 따른 기부금을 위와 같이 기부하였음을 증명하여 주시기 바랍니다.

년 월 일

신청인　　　　　　　　(서명 또는 인)

위와 같이 기부금을 기부받았음을 증명합니다.

년 월 일

기부금 수령인　　　　　　　(서명 또는 인)

※ 작성방법

1. "3. 기부금 모집처(언론기관 등)"는 방송사, 신문사, 통신회사 등 기부금을 대신 접수하여 기부금 단체에 전달하는 기관을 말합니다.
2. "4. 기부내용"란에 적는 유형·코드는 다음과 같습니다.
   가. 「소득세법」 제34조제2항에 따른 기부금 : 법정, 코드 10
   나. 「조세특례제한법」 제76조에 따른 기부금 : 정치자금, 코드 20
   다. 「조세특례제한법」 제73조제1항(제1호 및 제11호 제외)에 따른 기부금 : 조특법 73 , 코드 30
   라. 「조세특례제한법」 제73조제1항제11호에 따른 공익법인신탁기부금 : 조특법 73 ① 11, 코드 31
   마. 「소득세법」 제34조제1항(종교단체 기부금 제외)에 따른 기부금 : 지정, 코드 40
   바. 「소득세법」 제34조제1항에 따른 기부금 중 종교단체기부금 : 종교단체 코드 41
   사. 「조세특례제한법」 제88조의4에 따른 기부금 : 우리사주, 코드 42
   아. 필요경비 및 소득공제금액대상에 해당되지 아니하는 기부금) : 공제제외, 코드 50
3. 구분란에는 "금전기부"의 경우에는 "금전", "현물기부"의 경우에는 "현물"로 적습니다.

210㎜×297㎜(신문용지 54g/㎡)

비유동성 자산의 지출증빙

비유동성 자산은 실물자산의 여부, 영업활동에 사용 여부에 따라 유형자산과 무형자산 및 투자자산 등으로 구분한다.

① 유형자산: 정상적인 영업활동에 사용하면서 장기적(1년 이상)으로 보유하는 실물자산

② 무형자산: 물리적 형태는 없지만, 정상적인 영업활동에 사용하면서 당해 회사가 통제하고 미래 효익 가치가 있는 것

③ 투자자산: 회사의 주된 영업활동과는 상관없이 장기적인 투자수익을 목적으로 획득한 자산

즉 건물을 취득하여도 영업에 사용하면 유형자산이지만 영업에 사용되지 않으면 투자자산이다. 이러한 자산에 대하여 수취하여야 할 지출증빙은 유형자산, 투자자산 또는 무형자산이라 달라지는 것이 아니라 취득하는 자산의 품목별로 지출증빙 등을 갖추어야 한다.

 **건물 등 실물자산의 지출증빙**

1 지출증빙

건물 등 자산을 취득하기 위하여 지급된 각각의 금액에 대하여 계약서, 영수증, 송금내역서 등 법정지출증빙을 갖추어야 한다. 또한, 건물 등을 매입할 때에 자산과 관련하여 부담한 자문용역비, 부동산 중개수수료, 건축물 분양을 위한 광고비, 분양대행수수료 등 부대비용의 지급에 법정지출증빙을 갖추어야 한다.

2 증빙 예외 대상

토지 및 주택 구입과 관련하여 부동산중개수수료, 송금내역서, 취득세·등록세 등은 지출 증빙 수취의 예외 대상이다.

3 취득원가 계산의 유의사항

여기서 주의하여야 할 점은 당해 자산의 취득가액에 해당하는 금액을 명확히 구분하여 정리해 놓아야 한다는 것이며, 특히 등기·등록되는 자산에 대하여는 더욱더 명확하게 구분·정리하여야 한다. 자산을 본래의 의도대로 사용할 수 있을 때까지 지출된 모든 금액은 당해 자산의 취득원가이다.

건물 등의 취득가액은 구입원가 또는 제작원가에 취득세·등록세 및 기타 부대비용을 가산한 금액으로서 당해 자산을 본래의 의도대로 사용할 수 있을 때까지 발생한 모든 비용을 포함한다. 즉 매입할 때에 자산과 관련하여 부담한 자문용역비, 부동산 중개수수료 등도 자산을 본래의 의도대로 사용할 수 있기 전에 지급되는 비용이므로 취득가액에 포함되는 것이다.

해당 자산을 취득하면서 납부하는 취득세·등록세의 과세표준이 바로 위에서 설명한 취득부대비용을 포함하고 있는 취득원가가 되며, 토지개발 등으로 인한 이익을 환수하기 위한 개발부담금의 계산에도 당해 취득가액이 사용되기 때문이다.

취득부대비용을 취득원가에 합산하지 않고 취득세 등을 계산하여 신고·납부한 경우에는 추후에 조사를 받아 취득세 등의 추가납부 및 가산세를 부담할 수 있다.

④ 과세표준과 신고가액

또한, 취득세 과세표준 신고가액이 지방세법에서 정하고 시가표준액에 미달한 경우에는 당해 시가표준액을 취득세의 과세표준으로 하고 있으나, 법인이 작성한 원장·보조장·출납전표·결산서에 의하여 취득가격을 신고하는 경우 그 신고가액이 시가표준액에 미달하여도 신고가액을 취득세·등록세 과세표준액으로 하도록 규정하고 있다. (세정-1807, 2004.7.1)

특허권·산업재산권의 지출증빙

1 직접개발의 지출증빙

특허출원 별로 지출된 금액을 정리해 두어야 한다. 사업자가 직접 개발하여 취득한 경우에는 당해 특허권 등의 취득에 소요된 일체의 비용을 특허권으로 한다.

그러나 특허는 장기간이 소요되고 또한 실패하는 때도 있으므로 특허권의 출원부터 취득 때까지 특허를 출원한 내용별로 구분하여 해당 비용을 정리해 두어야 한다. 특허가 등록된 내용에 대하여 지출된 비용은 특허권으로 하지만, 특허등록에 실패한 내용에 대한 비용은 실패가 결정된 때에 전액 경비로 처리하기 때문에 반드시 특허출원된 내용별로 구분하여 정리해 두어야 한다.

2 외부구매의 지출증빙

외부로부터 구매하는 경우 사업자는 세금계산서 수취, 개인은 원천징수, 국외는 조세조약을 확인한다. 사업자로부터 특허권 등을 사는 때에는 세금계산서를 발급받아야 하고, 사업자등록이 없는 개인으로부터 구매하는 때는 원천징수하여 신고·납부하여야 한다.

외국으로부터 특허권 등을 구매하는 경우에는 조세조약에 따라 원천징수하는 경우와 징수하지 않는 경우가 있으므로 구매대금을 송금하기 전에 원천징수 여부를 확인하고 송금하여야 할 것이다.

국외특허권 등의 사용을 허가받는 대가로 지급하는 비용은 사용료소득으로서 지급할 때에 대부분 원천징수·납부하여야 한다.

# 16 임직원 손해배상금의 지출증빙

　임직원이 타인에게 손해를 끼침으로서 지급하는 손해배상금은 업무수행 중 행위로 고의·중과실이 아니라면 경비로 인정되고 합의서와 송금내역서만 비치하면 된다.

　임직원의 업무수행과 관련한 행위 등으로 인하여 타인에게 손해를 끼침으로써 회사가 손해배상금을 지출한 경우에는 당해 손해배상금은 각 사업연도의 소득금액 계산상 비용으로 처리된다. 이 경우에는 합의서와 송금내역서를 증빙으로 갖추면 된다.

　그러나 손해배상의 대상이 된 행위가 임직원의 고의·중과실로 인한 것이라면 당해 임직원의 급여로 보아 원천징수하여 신고·납부하여야 한다. (법기칙 19-19…14)

　법원의 판결에 의하여 지급하거나 지급받는 손해배상금 등은 법원의 판결이 확정된 날이 속하는 사업연도의 익금 또는 손금에 산입한다. 이 경우 "법원의 판결이 확정된 날"이라 함은 대법원 판결일자 또는 당해 판결에 대하여 상소를 제기하지 아니한 때에는 상소제기의 기한이 종료한 날의 다음날로 한다. (법기칙 40-71…20)

17 예술품 등의 지출증빙

1 거래형태별 예술품의 지출증빙

구분	거래내용	지출증빙
화가 (자영예술가)	화가의 창작품 직접구매	사업소득으로 원천징수
개인 (일시적 창작)	개인의 창작품 직접구매	기타소득으로 원천징수
	소유 중인 타인작품 구매	원천징수의무 없음. 관련증빙만 비치
	골동품·서화 구매 (1개 당 6천만원 이상인 것)	기타소득으로 원천징수 (2013년 1월1일 이후 시행)
화랑 (판매사업자)	화랑소유 예술창작품 구매	계산서 수취
	골동품이나 모조품 구매	세금계산서 수취
	거래의뢰 예술창작품 구매	·수수료에 대하여 세금계산서 수취 ·구매대금에 대하여는 화가 등으로부터 원천징수

2 화가 등으로부터 직접 구매

자영 예술가인 화가로부터 예술창작품을 구매한 경우에는 사업소득으로 원천징수하고, 개인이 일시적으로 예술품을 창작한 작품을 구매하는 경우에는 기타소득으로 원천징수 한다.[1]

3 화랑 등 미술품판매사업자로부터 구매

화랑업을 경영하는 자가 예술창작품을 구입하여 판매하는 경우에는 부가가치세가 면제되는 면세에 해당하므로 계산서를 수취하면 된다.

그러나 화랑을 경영하는 자가 작가 또는 예술창작품의 소유자로부터 당해 예술창작품의 판매를 위탁받아 동 예술창작품을 판매하고 수수료만 받는 경우에 구입한 회사는 지급한 수수료에 대하여는 세금계산서를 수취하고 미술품 구입대금에 대하여는 예술창작품의 소유자로부터 원천징수하여 증빙을 수취하여야 한다.[2]

4 골동품·대량제작품 등의 증빙

골동품(제작 후 100년을 초과한 것(관세율표 제9706호) 이나 예술창작품을 모방하여 대량으로 제작하는 작품은 면세에 해당하지 않으므로 골동품 등을 화랑 등으로부터 구입할 때에는 세금계산서를 수취하여야 한다.

5 개인 소장자로부터 미술품 등 구매

화가가 아닌 국내 거주자가 소장하고 있는 미술품을 일시적으로 판매한 금액에 대하여는 원천징수의무가 없으므로 구입내역에 대한 증빙과 송금내역 등을 갖추면 된다.

단, 서화·골동품에 해당하는 것으로 개당·점당 또는 조(2개 이상이 함께 사용되는 물품으로서 통상 짝을 이루어 거래되는 것)당 양도가액이 6천만원 이상인 것에 대하여는 원천징수(기타소득)하여 신고·납부하여야 한다. 다만, 양도일 현재 생존해 있는 국내 원작자의 작품은 제외한다(2013년1월1일부터 시행).[3]

관련법규

1) 소법 제21조①15. 서면1팀 842, 2007.6.19
2) 부가 46015-1004, 1994.5.20
3) 소령 제41조⑪

9장

인건비 등의 지출증빙

 # 인건비 등의 원천징수

1 원천징수내용

구　분	내　　용	
원천징수 대상	급여, 일용직급여, 인적용역(사업소득), 퇴직급여, 비영업 대금이익, 기타소득, 배당, 해외기술사용료소득 등	
원천징수 시기	지급할 때(지급하지 않은 경우에는 각 소득별로 지급시 기를 의제하고 있음)	
원천징수 신고와 납부	매월 신고	원천징수한 다음 달 10일에 신고·납 부
	반기별 신고 (반기별신고를 승인 또는 지 정받은 자)	반기의 다음 달 10일 (7월10일, 1월10 일)에 신고·납부
원천징수 신고서류	원천징수이행상황신고서(각 소득별 지급금액만 제출함)	
지급명세서 제출 (각소득 별 지급금액 및 지급받은 인적사항)	일용직 급여외	다음 해 2월 말(근로·퇴직·사업소득: 3월10일)
	일용직 급여	각 분기의 다음 달 말일, 단 4분기 급 여는 2월 말일. (즉 4월30일, 7월31일, 10월31일, 2월 말)

② 원천징수대상

원천징수는 원천징수의무자인 기업 등이 인건비 등을 지급할 때 인건비 등에서 근로소득세 등을 원천징수한다. 원천징수 대상 인건비는 다음과 같다.

① 임직원의 급여·상여·퇴직급여
② 일용근로자의 잡급
③ 개인이 제공하는 인적용역 등의 비용
④ 금융기관 등이 아닌 자에게 지급하는 이자비용(비영업대금이익)

③ 원천징수신고

원천징수 신고는 원천징수이행상황신고서를 작성하여 신고·납부를 하여야 한다. 원천징수의무자는 근로소득세 등을 원천징수한 월(반기별신고자는 반기 말 월)의 다음 월 10일 다음 달 10일)까지 원천세를 관할 세무서와 구청에 신고 및 납부하여야 한다. 원천징수이행상황신고서에 의한 신고 및 납부를 하지 않으면 다음 중 큰 금액을 가산세로 부담하여야 한다.[1]

① 미납세액 × 미납일수 × 0.03%
② 미납세액 × 5%

④ 지급명세서 제출

지급명세서는 원천징수이행상황신고서에 신고한 인원과 금액에 해당하는 지급받은 자의 구체적인 인적사항을 기재한 서류로서 소득자별 근로소득 원천징수부 등이 있다.

따라서 구체적인 인적사항과 금액을 기재한 기타소득지급명세
서는 다음 해 2월 말일까지, 근로·퇴직·사업소득에 대한 지급
명세서는 3월10일까지 신고하여야 한다. 지급명세서가 제출하지
않으면 미제출금액의 2%(1개월 내 제출 시는 1%)를 가산세로
부담하여야 한다.[2]

○ 지급명세서 제출기한
  · 기타소득 지급명세서 : 소득발생연도의 다음연도 2월 말일
    까지
  · 근로·퇴직·사업소득 지급명세서: 소득발생연도의 다음연
    도 3월10일까지

○ 지출증빙서류
  · 근로소득 : 소득자별 근로소득 원천징수부
  · 퇴직소득 : 퇴직소득 원천징수영수증
  · 사업소득 : 거주자의 사업소득지급명세서(연간집계표), 비거
    주자의 사업소득지급명세서(연간집계표)
  · 기타소득 : 거주자의 기타소득지급명세서(연간집계표), 비거
    주자의 기타소득명세서(연간집계표)

▶ 관련법규
  1) 소법 제158조
  2) 소법 제164조, 소법 제81조①

 # 임직원의 급여와 상여금의 지출증빙

1 급여와 상여의 증빙

직원에게 급여 및 상여를 지급하면 다음의 자료를 비치하여야
한다.

① 급여대장
② 계좌이체확인서(무통장입금증)
③ 원천징수이행상황신고서와 납부영수증
④ 연말정산신고서와 지급명세서

2 증빙을 갖추어도 비용으로 인정받지 못하는 경우

위의 서류를 모두 비치하고 정상적인 신고를 하였다고 하더라
도 다음에 해당하는 사항은 세법상 비용으로 인정받지 못한다.
(법령 제43조)

① 지배주주(지분율이 1% 이상인 주주를 말하며, 특수관계자의
주식을 합산하여 계산한다) 등인 임원 또는 직원에게 정당한
사유없이 동일 직위에 있는 지배주주 등외의 임원 또는 직원
에게 지급하는 금액을 초과하여 보수를 지급한 경우 그 초과
금액

② 비상근임원에게 법인의 규모, 영업내용, 근로의 제공 및 경
   영 참여 사실 여부 등에 비추어 급여를 지급하는 것이 부당
   하다고 인정되는 경우
③ 법인이 임원에게 지급하는 상여금 중 정관·주주총회·사원
   총회 또는 이사회의 결의에 의하여 결정된 급여지급기준 금
   액을 초과하여 지급한 경우 그 초과금액

 ## 3 임직원 퇴직급여의 지출증빙

1 퇴직급여 증빙서류

임직원에게 퇴직급여를 지급하면 다음의 서류를 비치하여야
한다.

① 퇴직급여대장

② 계좌이체확인서(무통장입금증)

③ 원천징수이행상황신고서와 납부영수증

④ 퇴직소득원천징수영수증(퇴직금지급명세서)

2 퇴직급여와 상여금의 구분

퇴직급여는 현실적으로 퇴직하는 경우에 지급하는 것에 한한
다. 그러나 현실적인 퇴직자에게 급여와 퇴직급여로 구분하여
지급하였다 하더라도 퇴직급여 전액 퇴직급여로 처리되지는 않
는다. 이렇게 퇴직급여에 해당하지 않는 금액은 상여에 해당하
며 퇴직급여에 대한 원천징수가 아니라 근로소득에 대해 원천징
수를 하여 신고·납부하여야 한다.

따라서 퇴직할 때 지급하는 금액이 퇴직급여인지 여부를 명확
히 구분하여야 한다. 일반적인 구분 예는 다음과 같다.

① 불특정다수의 퇴직자에게 적용되는 퇴직급여지급규정 · 취업
규칙 또는 노사합의에 의하여 지급받는 퇴직수당 · 퇴직위로
금 · 조기퇴직금 기타 이와 유사한 성질의 급여는 퇴직소득에
해당한다. 그러나 퇴직급여지급규정 · 취업규칙 또는 노사합
의에 의하지 않고 회사 내부의 지급규정에 따라 지급받는 수
당 등은 당해 임직원 등의 근로소득에 해당한다.[1]
② 지급기준이 일관성 없이 특정인에만 적용되거나, 재직기간 중
의 특수한 공로 등을 이유로 특정인이 추가로 지급받는 퇴직
공로금 등은 근로소득에 해당한다.[2]

3 퇴직으로 보는 경우

현실적인 퇴직이라 함은 다음 중 어느 하나에 해당하는 경우
를 말한다.[3]
① 법인의 사용인이 당해 법인의 임원으로 취임한 때
② 법인의 임원 또는 사용인이 그 법인의 조직변경 · 합병 · 분할
또는 사업양도에 의하여 퇴직한 때
③ 근로자퇴직급여보장법에 따라 퇴직급여를 중간정산하여 지급
한 때(중간정산시점부터 새로 근무연수를 기산하여 퇴직급여
를 계산하는 경우에 한정한다)
④ 법인의 임원에 대한 급여를 연봉제로 전환함에 따라 향후 퇴
직급여를 지급하지 아니하는 조건으로 그때까지의 퇴직급여
를 정산하여 지급한 때
⑤ 정관 또는 정관에서 위임된 퇴직급여지급규정에 따라 장기
요양 등 기획재정부령으로 정하는 사유로 그때까지의 퇴직급

222

여를 중간정산하여 임원에게 지급한 때(중간정산시점부터 새
로 근무연수를 기산하여 퇴직급여를 계산하는 경우에 한정한
다)

⑥ 법인의 직영차량 운전기사가 법인소속 지입차량의 운전기사
로 전직하는 경우

⑦ 법인의 임원 또는 사용인이 사규에 따라 정년퇴직을 한 후
다음날 동 법인의 별정직 사원(촉탁)으로 채용된 경우

⑧ 합병으로 소멸하는 피합병법인의 임원이 퇴직급여지급규정에
따라 퇴직급여를 실제로 지급받고 합병법인의 임원이 된 경
우

⑨ 법인의 상근임원이 비상근임원으로 된 경우

4 퇴직으로 보지 않는 경우

다음의 경우에 현실적인 퇴직으로 보지 않는다.[4]

① 임원이 연임된 경우

② 법인의 대주주 변동으로 인하여 계산의 편의, 기타 사유로
전사용인에게 퇴직급여를 지급한 경우

③ 외국법인의 국내지점 종업원이 본점(본국)으로 전출하는 경
우

④ 정부투자기관 등이 민영화됨에 따라 전종업원의 사표를 일단
수리한 후 재채용한 경우

⑤ 근로자퇴직급여보장법 제8조2항에 따라 퇴직급여를 중간정산
하기로 하였으나 이를 실제로 지급하지 아니한 경우. 다만,
확정된 중간정산 퇴직급여를 회사의 자금사정 등을 이유로

퇴직급여 전액을 일시에 지급하지 못하고 노사합의에 따라 일정기간 분할하여 지급하기로 한 경우에는 그 최초 지급일이 속하는 사업연도의 손금에 산입한다.

⑥ 법인분할에 있어서 분할법인이 분할신설법인으로 고용을 승계한 임직원에게 퇴직금을 실제로 지급하지 아니하고 퇴직급여충당금을 승계한 경우

⑦ 법인의 임원 또는 사용인이 특수관계 있는 법인으로 전출하는 경우에 전입법인이 퇴직급여상당액을 인수하여 퇴직급여충당금으로 계상한 때

5 연봉제 시행 전후의 퇴직 여부

임원에 대한 급여를 연봉제로 전환함에 따라 향후 퇴직금을 지급하지 아니하는 조건으로 그때까지의 퇴직금을 정산하여 지급한 법인이 추후 주주총회에서 임원의 급여를 연봉제 이전의 방식으로 전환하되 그 전환일로부터 기산하여 퇴직금을 지급하기로 한 경우 당초 지급하였던 퇴직금에 대하여는 "법인의 업무와 관련없이 지급한 가지급금 등"으로 보지 아니하는 것이나, 이 경우에도 동 과정이 특정임원에 대한 자금대여의 목적에 의한 것이라고 인정되는 경우에는 그러하지 아니한다.[5]

6 퇴직금 중간정산 세무처리

법인이 임원에 대한 급여를 연봉제로 전환하면서 향후 퇴직금을 지급하지 아니하는 조건으로 그 때까지의 퇴직금을 중간정산하여 지급하고, 그 후 당해 임원에게 퇴직금을 지급한 경우에는

당초 중간정산 하여 지급한 퇴직금은 각 사업연도의 소득금액 계산상 손금에 산입하지 아니하는 것이며, 이 경우 동 퇴직금은 당해 임원에 대한 가지급금으로 보는 것이다.[6]

▶ 관련법규

1) 서면1팀 1397, 2005.11.17
2) 소득 46011-21375, 2001.11.27
3) 법령 제44조②항
4) 법기칙 제26조44항1목
5) 법인 112, 2010.2.4
6) 서면2팀 115, 2006.1.13

4 임원의 퇴직급여 지출증빙

1 정관의 지급규정

법인의 임원은 퇴직금은 정관상의 지급규정에 정한 금액을 한도로 퇴직급여를 받을 수 있다. 따라서 초과하는 금액은 지급받은 임원의 상여로 처분하고 세법상 비용으로 인정하지 않는다.

2 퇴직급여규정이 있는 경우

지급규정이 있다고 하는 것은 정관에 지급할 금액이 정하여져 있거나, 계산할 수 있는 기준이 있는 경우 또는 정관에 구체적인 위임사항, 즉 지급규정의 의결내용 등이 정당하고, 특정임원의 퇴직 시마다 퇴직금을 임의로 지급할 수 없는 일반적이고 구체적인 기준을 말하는 것으로, 그 위임사항에 따라 이사회에서 퇴직급여지급규정을 정한 경우를 말한다.

당해 지급규정의 내용에 따라 임원 퇴직 시마다 계속·반복적으로 적용하여 온 규정이어야 하며 특정임원의 퇴직 시마다 임의로 동 규정을 변경·지급할 수 있을 때에는 법인세법상 손금으로 용인할 수 있는 적정한 퇴직금지급규정이라 할 수는 없다.[1]

3 지급규정을 인정하지 않는 경우

세법상 인정하지 않는 퇴직금지급규정은 다음과 같다.

① 불특정다수를 대상으로 지급 배율을 정하지 아니하고 개인별로 지급 배율을 정하는 경우

(예) 대표이사 : 10배수, 김○○ 이사 : 5배수,

　　박○○ 이사 : 3배수 등

해당 임원의 퇴직 전·후에도 계속·반복적으로 적용할 수 있는 규정이 아니므로 정관에서 위임된 퇴직급여지급규정으로 볼 수 없다.[2]

② 일부 임원에 대해서만 규정되어 있는 경우

(예) 대표이사 : 10배수, 전무이사 : 5배수,

　　기타 임원(감사포함) : 규정없음

일부 임원에 대해서만 규정되어 있어 불특정 다수를 대상으로 하고 있지 않으므로 정당한 퇴직급여지급규정으로 볼 수 없다.[3]

③ 특수관계자인 특정임원에게만 정당한 사유없이 지급배율을 차별적으로 높게 정하는 경우

(예) 대표이사 : 20배수, 이사·감사 : 3배수

이사·감사의 퇴직급여규정은 인정되나, 특수관계자인 대표이사의 퇴직급여는 정당한 사유없이 이사·감사의 퇴직급여보다 높게 책정된 것으로 판단되는 경우 부당행위계산부인 적용

4 개정된 퇴직급여 지급규정의 소급적용 여부

임원이 퇴직하기 전에 규정을 개정한 경우 당해 규정의 개정 전까지의 근속기간에 대하여도 개정된 규정을 적용할 수 있다.[4]

5 퇴직급여 지급규정이 없는 경우

정관에 퇴직급여규정이 없는 법인이 임원에게 퇴지금을 지급한 경우 퇴직급여에서 그 임원이 퇴직하는 날부터 소급하여 1년 동안 당해 임원에게 지급한 총급여액의 10%에 상당하는 금액에 연간근속연수를 곱한 금액을 초과하는 금액은 이를 손금에 산입하지 아니한다.[5]

▶ 관련법규

1) 서면2팀 1455, 2004.7.13
2) 서면2팀 594, 2007.5.5
3) 법인 46012-492, 2003.8.19
4) 법인 461, 2010.5.19
5) 법령 제44조

 # 외국인 근로자에게 지급하는 급여

1 외국인 근로자에 대한 과세특례

외국인 근로자에 대하여는 과세특례를 적용하고 있는데, 외국인 근로자는 해당 과세연도 종료일 현재 대한민국의 국적을 가지지 아니한 사람만 해당한다.[1]

외국인 근로자에 대한 과세특례는 단일세율(15%)로 매월 원천징수하여 신고·납부하고, 당해 근로소득 외의 다른 소득과는 합산과세하지 않는 것을 말한다. 단일세율을 적용하는 과세표준에는 비과세 근로소득도 포함하여 납부할 세액을 계산한다.

외국인 근로자에 대한 과세특례를 적용받고자 하는 자는 근로소득세액의 연말정산 또는 종합소득과세표준확정 신고를 하는 때에 근로소득자소득공제신고서에 외국인 근로자 단일세율적용신청서를 첨부하여 신고하여야 한다.

그리고 엔지니어링기술도입계약에 의하여 국내에서 기술을 제공하거나 특정연구기관의 연구원 근무하는 자 등 세법에 규정되어 있는 일정한 외국인 기술자에 대하여는 소득세의 50%를 감면해 주고 있다.[2]

◐ 외국인 근로자의 급여를 외국법인이 지급하고 동 금액을 내국법
   인이 보상하여주는 경우

   호주에 있는 관계회사로부터 파견되어 내국법인에 근무하는
비거주자인 근로자의 급여를 동 호주법인이 직접 지급하고 동
지급액을 내국법인이 보상해 주는 경우, 동 급여소득은 갑종근
로소득에 해당하며 당해 내국법인의 각 사업연도의 소득금액 계
산상 손금에 산입할 수 있다.[3]

◐ 대한민국국적과 외국국적을 동시에 보유하고 있는 사람이 외국
   인에 포함되는지의 여부

   대한민국국적과 외국국적을 함께 가지고 있는 복수국적자의
경우 외국인에게 적용되는 외국인기술자에 대한 소득세의 감면
(조특법 제18조)와 외국인근로자에 대한 과세특례(조특법 제18조
의2)가 적용되지 않는다.[4]

◐ 일본에서 출생한 한국국적 재일교포 3세가 외국인근로자 과세특
   례를 적용받을 수 있는지 여부

   조세특례제한법의 외국인근로자의 범위에는 해당 과세연도 종
료일 현재 대한민국 국적을 보유하는 개인으로서 외국에 영주하
는 자는 포함되지 않는 것이며. 동 법은 2010년 1월 1일 이후
발생하는 소득 분부터 적용된다.[5]

2 불법체류 외국인에게 지급하는 급여

   외국인불법체류자를 고용하여 근로를 제공받고 그 대가로 지

급한 금액이라 하더라도 세법상 비용을 처리할 수 있다. 이때 회사는 지급한 인건비 대한 증빙으로서 그 비용이 당해 회사에 귀속되고 실질적으로 결제되었음이 객관적으로 확인 가능한 서류(여권사본, 지급받는 자의 수령증 등)를 보관하여야 한다.[6]

해당 지급금액에 대하여는 원천징수하여 신고하여야 하나, 원천징수신고를 하지 않은 경우에는 원천징수납부불성실가산세와 지출명세서보고불성실가산세(2%)를 납부하여야 한다.

즉, 세법에서는 실질과세원칙에 따라 불법체류자 여부와 상관없이 용역을 제공받고 해당 인건비를 지급하였다면 비용으로 인정한다. 그러나 출입국관리법에 의하여 불법체류자를 고용한 사업주는 적발되면 3년 이하의 징역 또는 2천만원 이하의 벌금을 부과받게 된다.[7]

> ▶ 관련법규

1) 조특령 제16조의2
2) 조특법 제18조
3) 서면2팀 985, 2005.7.4
4) 국제세 29 2011.1.24
5) 국제세 409 2010.9.8
6) 법인 46012-1896, 1995.7.11
7) 출입국관리법 제94조

# 일용근로자의 급여의 지출증빙

1 일용근로자의 이해

일용근로자라 함은 근로를 제공한 날 또는 시간의 근로 성과에 따라 급여를 받는 다음의 근로자를 말한다.[1]

① 동일한 고용주에게 3월 이상 계속하여 고용되어 있지 아니한 일반 근로자

② 동일한 고용주에게 1년 이상 계속하여 고용되어 있지 아니한 건설노무자(지휘·감독 업무 등에 종사하는 자는 제외)

③ 정기적이 급여가 아닌 근로제공일에 근로대가를 받는 하역종사자(지휘·감독 업무 등에 종사하는 자는 제외)

가내부업으로 가정주부가 임가공을 하는 경우에는 당해 가정주부는 일용근로자로 보아 원천징수에 의한 신고를 하여야 한다.

▶ 관련법규

1) 소령 제20조, 소득 22601-1237(1986.4.18)

232

⏻ 일용근로자의 원천징수세액.

· 원천징수세액 = 일급 10만원 초과액×6%(세율)×45%

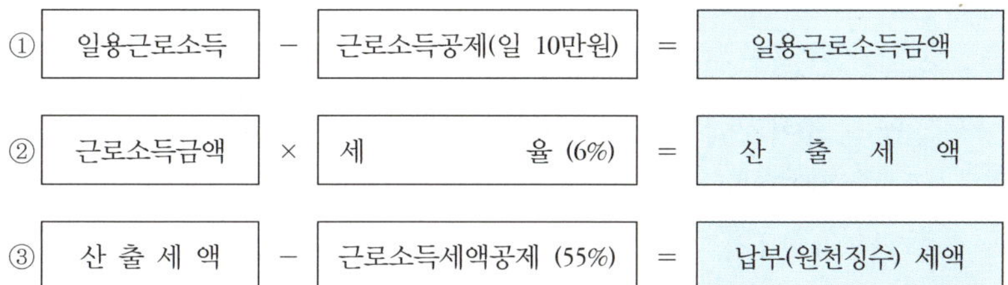

※ 생산직에 종사하는 일용근로자가 받는 연장근로, 야간근로, 휴일근무수당은 전액 비과세한다.

2 일용근로자 급여의 지출증빙

일용근로자에게 급여를 지급하면 다음의 증빙서류를 비치하고 신고·납부하여야 한다.

① 일용직급여대장의 비치

급여대장에는 근로내용, 근로일수, 근로 단가 등이 기재되어 있어야 하고, 주민등록등본이나 신분증 사본을 비치하여야 한다.

② 계좌이체확인서(또는 무통장입금증) 또는 일용근로자가 서명한 영수증 비치

③ 원천징수이행상황신고서에 의한 신고 및 납부

동일 일용근로자가 동일기간에 타사업장의 일용근로자로 신고되는 경우가 빈번하므로, 실질 일용근로를 제공한 근로자에 대한 증빙을 갖추어야 한다.

④ 일용근로소득지급명세서

일용근로자에게 지급한 급여에 대하여 당해 분기의 말 월 다음 달 말일까지 관할 세무서에 신고한다.

○ 증빙서류
- 일용근로소득지급명세서
- 일용직급여지급명세서
- 급여이체명세서
- 현금영수증(지출증빙용)
- 근로자급여카드명세서

 **일용근로자의 4대보험 가입의무**

1 4대보험 가입의무

일용근로자에 대하여 세법에서 3개월을 기준으로 한 것과는 달리 고용보험법에서는 1개월 미만의 기간 동안 고용되는 근로자로 규정하고 있고(고용보험법 제2조 제6호), 국민연금이나 건강보험의 가입이 배제되는 일용근로자는 1개월 미만 근로를 제공하는 일용근로자로 규정하고 있다. 따라서 세법상 일용근로자라 하더라도 이러한 4대보험(고용보험, 산재보험, 국민연금, 건강보험)을 대부분 가입하여야 한다.

일용근로자는 근로계약의 여부와 관계없이 실제로 근무한 일수와 시간으로 적용 여부를 판단하며, 4대보험을 가입하지 않고 일용급여를 비용으로 처리하면 차후에 일용급여에 대하여 4대보험을 소급하여 징수될 수 있음을 주의하여야 한다.

2 고용보험과 산재보험

1개월 미만의 기간 동안 고용된 일용근로자는 근로시간과는 상관없이 1일을 근무해도 적용대상이다. 일용근로자가 아닌 근로자(1개월 이상 근로를 제공하는 근로자)로서 1개월간의 근로시간이 60시간 미만인 자(1주간의 소정근로시간이 15시간 미만인 자를 포함한다)는 고용보험 및 산재보험 적용에서 제외된다.[2]

그러나 60시간 미만 근로자라 하더라도 생계를 목적으로 하는 근로자 중 3개월 이상 고용된 자는 고용보험적용대상이므로 생계목적이 아닌 아르바이트를 하는 근로자가 대부분 적용제외대상이 된다. 65세 이상 자도 적용제외대상이다.

다만, 총 공사금액이 2천만원 미만인 공사, 연면적 100제곱미터 이하인 건축물의 공사 또는 연면적이 200제곱미터 이하인 건축물의 대수선에 관한 공사에 고용된 근로자는 가입에서 제외된다.[3]

③ 국민연금과 건강보험

1개월 이상 근로를 제공한 일용근로자나 근로자 중 1개월간의 근로시간이 60시간 미만인 자 또는 1개월 미만 근로를 제공한 일용근로자는 국민연금 및 건강보험 적용에서 제외된다.[4]

다만, 건설 일용근로자는 건설현장별로 1개월간 20일 이상 근무를 하게 된 때에 국민연금 및 건강보험에 가입해야 하며, 가입 후 1개월간 20일 미만으로 근무하게 된 때에는 탈퇴신고를 해야 한다.[5]

▷ 관련법규

2) 고용령 제3조   3) 고용령 제2조, 산재법 제2조
4) 연금령 제2조, 건보법 제6조②항1호, 건보령 10조)
5) 지방자치단체 입찰 및 계약 집행기준, 국민연금 · 건강보험료 사후정산 제도

 # 사업소득에 대한 지출 증빙

1 사업소득의 구분

　물적 시설 없이 근로자를 고용하지 않고 독립된 자격으로 용역을 제공하는 개인으로부터 기업이 인적용역을 제공받은 경우에는 다음과 같이 사업성 여부에 따라 사업소득 또는 기타소득으로 분류하여 원천징수 하여야 한다.

① 당해 용역을 계속·반복적인 즉 사업적으로 제공하는 개인인 경우는 사업소득으로 보아 3.3%(접대부·댄서는 5.5%)를 원천징수(주민세포함)

② 당해 용역을 개인이 사업적이 아닌 일시적으로 제공한 인적용역인 경우에는 기타소득으로 보아 4.4%를 원천징수(주민세 포함)

　개인이 사업적으로 인적용역을 제공하는 것에 대한 대가를 지급할 때에는 사업소득으로 하여 원천징수하여야 한다.

⟳ 증빙서류
　• 사업소득원천징수영수증

② 사업소득의 판단기준

고용 관계없이 독립된 자격으로 계속하여 용역을 제공하고 지급받는 대가는 사업소득에 해당하는 것이며, 일시적으로 용역을 제공하고 지급받는 대가는 기타소득에 해당하는 것이나, 고용관계나 이와 유사한 계약에 의하여 근로를 제공하고 지급받는 대가는 근로소득에 해당한다. 이때, 고용관계가 있는지의 판단은 근로제공자가 업무나 작업에 대해 거부를 할 수 있는지, 시간적·장소의 계약을 받는지, 업무수행 과정에서 구체적인 지시를 받는지, 복무규정의 준수의무 등을 종합적으로 판단할 사항이다.[1]

③ 사업소득의 사례

○ 개인면세사업자에게 인적용역 사업소득을 지급하는 경우의 원천징수 여부

사업자등록을 한 개인 면세사업자로부터 원천징수대상 사업소득의 인적용역을 받고 대가를 지급하는 사업자는 원천징수 의무가 있는 것이며, 그 대가를 지급하는 때 원천징수영수증을 발행한다. 이 경우 원천징수의무를 이행하지 않으면 가산세를 적용한다.[2]

○ 장기간에 대한 소득을 선지급하는 경우의 원천징수방법

사업소득에 대한 수입금액을 지급하는 때에는 그 지급금액(일시에 선지급하는 경우에는 당해 선지급금액)에 대해 소득세를 원천징수하여야 한다. 이때 원천징수의무자가 귀속연도가 다른

사업소득에 대한 수입금액을 당해 연도분과 함께 소득세를 원천 징수하고 원천징수이행상황신고서를 제출하는 경우에 신고서 상의 '귀속 연월' 기재란에는 당해 소득이 발생하는 '연월'을 기재한다.[3]

⏻ 회사가 부담한 실비의 원천징수대상소득에 포함 여부

방송업을 영위하는 법인이 방송프로그램 제작 시 연예인 등 인적용역 사업자로부터 용역을 제공받으면서 지방공연이나 해외 촬영과 관련하여 발생하는 숙박비, 항공료, 식대 등을 사규 및 계약에 따라 당해 법인이 호텔, 항공사, 음식점 등에 직접 지급 (법인명의 지출증빙 수취)하고 연예인 등에게는 출연료만 지급하는 경우 원천징수대상 사업소득의 수입금액은 당해 연예인 등에게 지급하는 출연료의 금액으로 한다.

다만, 당해 연예인 등이 부담하여야 할 비용을 법인이 대신 부담하는 경우에는 그 금액을 포함한 금액을 원천징수대상 수입 금액으로 한다.[4]

⏻ 임직원에 대한 성과금이 사업소득 또는 기타소득 여부

임·직원에게 일정한 성과에 대하여 급여지급기준에 기재되어 있는 급여·상여 이외의 금액을 지급하는 경우에도 임·직원에게는 사업소득 또는 기타소득으로 하여 원천징수할 수는 없고, 임·직원의 상여로 처리하여야 한다. 지급한 성과금이 임원의 급여지급기준을 초과하여 지급하였다면 초과한 금액에 대하여는 세법상 비용으로는 인정되지 않는다.

다만, 경진·경영·경로대회·전람회 등에서 우수한 자에게

지급하는 상금, 종업원 제안제도에 의하여 우수제안자에게 지급
하는 상금 등을 임·직원에게 지급하는 경우에는 근로소득이 아
닌 기타소득으로 하여 원천징수 한다.

> 관련법규

1) 소득 1227, 2009.8.12
2) 원천 3096, 2008.12.30
3) 서면1팀 637, 2008.5.7
4) 서면1팀 750, 2006.6.9

 ## 기타소득에 대한 지출 증빙

1 기타소득의 종류

개인이 사업적으로 공급하는 것이 아닌 일시적 또는 우발적으로 공급한 것에 대하여는 세법에서 기타소득으로 과세하고 있다. 따라서 당해 기타소득에 해당하는 재화나 용역을 공급받은 경우에는 원천징수를 하여야 한다.[5]

기타소득에 해당하는 것으로는 상금·포상금, 복권당첨금, 산업재산권 등의 양도·대여소득, 지역권·지상권의 설정 또는 대여 소득, 위약금·배상금(계약금이 위약금·배상금으로 대체되는 경우에는 원천징수를 하지 않는다.), 일시적 문예창작소득, 재산권에 관한 알선수수료, 사례금, 일시적 인적용역, 서화·골동품 양도소득 등이 있다.

2 필요경비(80%) 인정의 기타소득

기타소득 중 다음의 소득에 대하여는 80%의 필요경비를 인정하고 있다. 기타소득에 대한 원천징수세율이 20%이므로 다음의 소득에 대하여는 80%를 차감한 4%(주민세별도)를 원천징수하면 된다.

① 일시적 인적용역

② 일시적인 문예창작소득

③ 주택입주지체상금

④ 지역권·지상권의 설정 또는 대여 소득

⑤ 산업재산권, 광업권, 어업권, 상표권, 상업상의 비밀, 영업권(점포임차권포함)의 양도 또는 대여 소득

⑥ 공익법인이 주무관청의 허가를 얻어 시상하는 상금과 부상

3 기타소득 사례

○ 항공료·체재비 등으로 지급받는 일시적 인적용역의 대가에 대한 과세소득 여부

전문지식인(대학교수 등)인 거주자가 고용 관계없이 일시적으로 정부출연기관의 국외 워크숍 참가 등의 형태로 용역을 제공하고 항공료·체재비 등의 명목으로 지급받는 용역의 대가는 기타소득에 해당한다.[6]

○ 카지노게임대회의 수상자가 지급받는 상금의 소득구분 등

카지노업을 경영하는 법인이 바카라 게임대회를 개최하고 수상자에게 지급한 상금은 기타소득에 해당한다. 아울러 해당 상금은 필요경비 의제 적용대상에 해당하지 아니하는 것이며, 게임손실가액 상당액은 필요경비산입 대상에 해당하지 아니한다.[7]

○ 공공용지 토지보상금에 대하여 법원판결에 따라 추가로 지급받는 지연손해금의 기타소득 해당 여부

거주자가 공공용지 토지보상금에 대한 이의신청으로 법원의 판결에 따라 토지보상금을 지급받으면서 추가로 지급받는 지연손해금은 기타소득에 해당하지 아니한다. 당해 지연손해금은 거주자와 공공사업 시행자 간의 합의에 따라 성립된 것이 아니라 청약에 승낙하지 아니하여 합의되지 않아 법원에서 "손실보상금 지급의무의 이행지체 때문인 지연손해금"을 지급하라는 결정을 한 것으로서, 법원의 결정에 따라 지급한 지연손해금은 소득세법에서 말하는 계약의 위약으로 말미암아 받는 배상금이라 할 수 없고, 그에 따라 이 사건 지연손해금이 위 소득세법상의 기타소득에 해당한다고 볼 수 없다 할 것이다.[8]

⏻ 지출증빙서류

- 기타소득원천징수영수증

▶ 관련법규

5) 소법 제21조
6) 서면1팀 1219, 2006.9.5
7) 소득 667, 2010.6.5
8) 소득 1958, 2009.12.15

10장

접대비의 지출증빙

 # 접대비와 다른 비용과 구분

 과세당국은 불건전한 소비의 억제 등 정책적인 목적으로 그 사용을 제한하기 위하여 접대비에 대하여는 일반 경비보다 더 엄격한 증빙을 요구하는 것뿐만 아니라, 접대비의 경비인정 한도도 규정하고 있다. 따라서 회계처리 할 때에는 접대비와 다른 경비를 정확히 구분하여야 한다.

1 접대비와 기부금·광고비 구분

 접대비는 타인에게 무상으로 제공된다는 점에서 광고비나 기부금과 비슷하지만, 광고비와 기부금과는 다음과 같이 구분된다.

구분	무상제공 여부	특정인에게 제공 여부	대가성 여부
접대비	○	○	○
광고비	○	×	○
기부금	○	특정인 여부 관계없음	×

 즉 접대비는 특정고객에게 대가를 바라고 무상으로 제공하는 것을 말하는 것으로 대가를 바라지 않으면 기부금이 되며, 매출 증대 등 대가를 바라되 불특정고객을 상대로 한다면 광고비가

되는 것이다.

② 광고비와 접대비 구분

법인이 자기상품 등의 판매촉진이나 기업이미지 개선 등 선전효과를 위하여 불특정다수인을 상대로 지출하는 비용은 광고선전비에 해당하나, 법인이 업무와 관련하여 특정고객 또는 특정고객집단에 대해서 지원금 등을 지원하는 경우에는 동 지원금 등은 접대비에 해당한다.[1]

③ 기부금과 접대비 구분

사업과 직접 관계있는 자에게 금전 또는 물품을 기증한 경우에 그 금품의 가액은 접대비로 구분하며, 사업과 직접 관계가 없는 자에게 금전 또는 물품 등을 기증한 경우에 그 물품의 가액은 거래실태별로 다음 각호에 규정하는 기준에 따라 접대비 또는 기부금으로 구분한다.[2]

① 업무와 관련하여 지출한 금품 : 접대비
② ①에 해당하지 아니하는 금품 : 기부금

④ 회의비와 접대비 구분

특정인에게 대가를 목적으로 지급하지만, 업무수행을 위한 회의비와 접대비의 구분이 어려울 수가 있는데, 일반적으로는 접대비와 회의비는 다음과 같이 구분한다.

정상적인 업무를 수행하기 위하여 사내 또는 통상 회의가 개최되는 장소에서 제공하는 다과 및 음식물 등의 가액 중 사회통념상 인정될 수 있는 범위 내의 금액은 이를 통상회의비로 본다. 그러나 통상회의비를 초과하는 금액과 유흥을 위하여 지출하는 금액은 이를 접대비로 본다.

위와 마찬가지로 일반적인 회의를 위하여 지출되는 다과 등은 회의비로 보나, 회의를 골프장에서 하면서 음식과 골프장사용료를 지급하는 등의 사회통념을 벗어나는 지출을 했다면 이는 접대비로 보게 된다.[3]

○ 회의비 등의 접대비 범위

건설도급공사 수급회사가 발주처 등의 감독자에게 제공한 식사 및 제반 경비 등이 계약조건에 따라 제공하는 것인 경우에는 접대비로 보지 아니하는 것이나 그 외의 것은 접대비로 보는 것이다.[4]

5 판매부대비용과 접대비 구분

지출의 상대방이 사업과 관련성이 있고, 지출의 목적이 접대 등의 행위에 의해 사업관계자들과의 사이에 친목을 거래관계의 원활한 진행을 도모하는 데 있는 것이라면 접대비로 보며, 지출의 성질, 액수 등이 건전한 사회통념이나 상관행에 비추어 볼 때 상품 또는 제품의 판매에 직접 관련하여 정상적으로 드는 비용으로 인정되면 판매부대비용으로 본다.

사전약정 여부와 관계없이 지급하는 판매장려금 · 판매수당은 판매부대비용에 해당한다.[5]

⏻ 판매장려금

① 판매장려금은 일부 거래처가 아닌 모든 거래처를 대상으로 거래규모, 현금수금률 등을 고려하여 판매장려금을 차등 지급하는 경우에도 거래 관행에 비추어 정상적이라고 인정될 수 있는 범위 안의 금액은 판매부대비용으로 본다. 그러나 정당한 사유 없이 특정고객을 우대하여 차등 지급하는 판매장려금은 접대비에 해당한다.[6]

② 현실적으로 장려금의 지급약정은 각 약정체결 시점의 시장상황, 거래지역, 과거 및 향후 매출규모 등에 따라 다를 수밖에 없고 규격화된 판매장려금 지급기준과 지급정책을 정하여 대외적으로 누구나 알 수 있도록 미리 공시하는 것은 어려워 보이며, 거래처별 판매장려금을 책정함에서 거래처마다 약간의 차등을 둔 것은 나름대로 거래처별 특수성과 거래시점의 상황 등을 고려한 결과라고 할 수 있는바, 이러한 점을 무시하고 쟁점판매장려금 전체를 접대비로 보는 것은 기업의 영업 현실을 전혀 무시한 것으로 과잉금지의 원칙에도 위배된다.[7]

⏻ 가입비와 위약금

인터넷통신사업이나 이동통신사업 등을 영위하는 기업이 신규고객 확보를 위하여 기존 통신 해약으로 인한 고객부담 위약금이나 신규 가입비 등을 대신 납부하겠다는 공시내용에 따라 대신 납부하여 주는 경우는 판매부대비용에 해당한다.[8]

⏻ 특정업체 시설비 지원

법인이 신규 입점업체 중 특정 거래처에만 인테리어 비용을
지급하는 목적이 판매 활성화와 우량 브랜드 유치 등을 위한 것
이라 하더라도 특정거래처만을 지원하는 것은 접대비에 해당한
다.[9]

○ 무상물품·견본품

① 아파트 분양촉진을 목적으로 사전에 공시하고 건전한 사회통
  념과 상관행에 비추어 정상적인 거래라고 인정될 수 있는 범
  위 안에서 피분양자에게 무상으로 제공하는 물품 등의 가액
  은 판매부대비용에 해당한다.[10]

② 견본품을 거래처에 무상으로 제공하는 경우 건전한 사회통념
  과 상관행 등에 비추어 정상적인 거래라고 인정될 수 있는
  범위 안의 금액이면 판매부대비용에 포함되는 것이나, 그 견
  본품의 수량 또는 가액이 정상적인 상행위의 기준을 초과하
  거나 판매법인의 이익보장을 위한 지원성격이면 접대비에 해
  당한다.[11]

○ 해외바이어 초청

  해외바이어의 초청에 지출한 항공료, 숙박비 및 기타비용으로
서 사회통념상 인정될 수 있는 범위 안의 금액인 경우에는 판매
부대비용에 포함되는 것이나, 범위를 초과하는 금액과 유흥을
위하여 지출하는 금액은 접대비로 본다.[12]

○ 할인가액 부담

  제조업 영위 법인이 제품을 판매하면서 특정 판매업체가 부담
하여야 할 할인판매가액 상당액을 당해 법인이 대신 부담하는

경우 그 부담액은 접대비에 해당하는 것이나, 사전 약정에 따라 자사의 제품을 판매하는 모든 거래처에 동일한 조건으로 할인판 매가액 상당액을 부담하는 경우로서 사회통념상 타당하다고 인 정되는 범위 안의 금액은 판매부대비용에 해당한다.[13]

⏻ 현금·상품권 제공

내국법인이 인터넷 가입 업무를 대행하면서 가입자의 확보를 위하여 불특정다수인에게 현금·상품권·상품 등을 지급한다고 사전공시하지 않고, 인터넷 가입 시에 공정한 기준 없이 지급하 는 현금 등은 접대비에 해당한다.[14]

▷ 관련법규

1) 제도 46013-499, 2000.11.27,　　　　2) 법기칙 24-0…1
3) 법기칙 25-0…4, 법인 46012-1344, 1997.5.16
4) 법인 46012-1344, 1997.5.16　　　　5) 법령 제19조 제1호의2
6) 법인 1402-2009.12.16. 법인 567-2010.6.22
7) 적부 2008-23, 2008.6.16　　　　8) 법인 1418, 2009.12.21
9) 서면2팀 1319, 2006.7.12　　　　10) 서면2팀 1164, 2006.6.20
11) 서면2팀 796, 2006.5.9　　　　12) 서면2팀 2235, 2004.11.4
13) 법인 3460, 2008.11.19　　　　14) 법인 3550, 2008.11.24

 ## 2 일반적인 접대비의 지출증빙

1 접대비 지출증빙서류

접대비는 법정지출증빙서류와 1만원 이하의 영수증만 인정된다. 세법상 접대비의 비용으로 인정될 수 있는 법정지출증빙서류는 법인인 법인명의 개인사업자는 사업주 명의 신용카드의 사용분, 사업자등록번호로 발급받은 현금영수증, 적법하게 수취한 세금계산서·계산서만 해당한다. 즉 타인 또는 직원 및 법인의 대표이사 등의 명의로 수취하는 현금영수증, 신용카드매출전표 등은 인정하지 않는다.

2008년까지는 접대비를 1회에 50만원 이상 지출한 경우 접대비명세서를 작성하였으나 2009년부터는 접대비명세서 작성의무가 폐지되었다.

○ 법정증빙
- 세금계산서, 계산서, 법인신용카드매출전표, 개인기업(사업주)신용카드, 지출증빙용 현금영수증

○ 증빙불가
- 법인 대표자 개인신용카드매출전표
- 임직원 개인신용카드매출전표

· 소득공제용 현금영수증

② 타법인 신용카드 사용 접대비의 손금불산입 해당 여부

법인이 지출한 접대비로서 1회의 접대에 지출한 금액이 1만원을 초과하는 접대비에 대하여 법인명의가 아닌 법인이외 명의의 신용카드를 사용한 경우 손금에 산입하지 아니한다.[1]

③ 임·직원 명의 신용카드 사용금액의 법인비용 인정 여부

종업원 개인명의의 신용카드를 사용하고 매출전표를 수취한 경우에도 당해 법인의 업무와 직접 관련하여 사용된 것으로 인정되는 경우에는 접대비 등의 경우와 같이 손금불산입으로 달리 규정된 경우 외에는 법인의 비용으로 손금산입 되고 정규지출증빙으로 인정되는 것이다.[2]

④ 법인대표의 개인계좌 결제 시 법인카드 인정 여부

신용카드에 법인의 명의와 사용인 명의가 함께 기재되고 대금의 상환이 일차적으로 사용인 개인 계좌에서 결제되나, 최종적으로 해당 법인이 연대하여 책임지는 형태로 발급된 신용카드는 당해 법인의 명의로 발급받은 신용카드로 본다.[3]

▶ 관련법규

1) 법인 1975, 2008.8.12
2) 서면2팀 1090, 2005.7.14
3) 법인 46012-2116, 2000.10.17

 **경조사비의 접대비 지출증빙**

1 경조사비의 접대비 한도

거래처의 경조사비를 지급하는 경우에 건당 20만원 이하의 경조사비에 대하여는 증빙자료를 수취하지 않더라도 접대비 필요경비 산입대상에 포함되도록 하고 있다.

경조사비가 건당 20만원을 초과하였다면 세법상 비용으로 인정되지 않는 금액이 20만원 초과금액이 아닌 전액이므로 주의하여야 한다.

2 경조사비의 접대비 증빙

그리고 거래처의 경조사비로 지급한 금액에 대하여는 법정증빙자료의 수취를 요하지 않으나, 축의금이나 부의금을 지급한 사람과 수취한 상대방의 인적사항 및 일자가 기재되어 있는 지출결의서를 작성하고 청첩장이나 부고장을 수취한 것이 있으면 이를 첨부하여 비치하여야 한다.

3 접대비 해당 경조사비 범위

접대비에 해당하는 경조사비는 거래처(거래처의 임직원 포함)

에 대한 경조사비를 말하는 것이고, 임직원에 대한 경조사비는
지급규정에 따라 지급하고 사회통념상 타당하다면 지급금액과는
상관없이 복리후생비로 처리된다.

 ## 4 문화접대비의 지출증빙

1 문화접대비란

기업의 접대비 지출액 중 문화접대비 지출이 3%를 초과한 경우, 기존 접대비 한도의 10% 범위에서 추가로 손비 인정을 해주는 기업 세제 지원 제도이다. 이 제도는 2007년 9월 1일부터 시행하여 문화접대비 손비 인정 특례를 2011년 말까지 인정한다.[1]

2 문화접대비 손금한도액

접대비지출액에서 문화접대비로 지출한 금액을 포함하고, 세법상 손금에 산입하지 아니하는 접대비를 제외한 금액이다.[2]

다음 ①과 ②중 적은 금액 문화접대비 손금한도액이다.
① 문화접대비 지출액 − (총접대비 지출액 × 3%)
② 일반접대비 한도액 × 10%

입장권 등이 접대비에 해당하지 않는 일반경비에 해당한다면 지출증빙수취 특례를 적용받으므로 법정지출증빙을 수취하지 않아도 증빙불비가산세를 적용받지 않고 비용처리가 가능하나, 문화접대비에 사용되는 경우에는 법정지출증빙을 받지 못하면 세법상 비용 자체를 인정받지 못하므로 반드시 신용카드를 사용하거나 현금영수증을 수취하여야 한다.

3 문화접대비에 해당하는 접대비

① 문화예술진흥법 법기칙 제2조에 따른 문화예술의 공연이나 전시회 또는 박물관 및 미술관 진흥법 법기칙에 따른 박물관의 입장권 구입

② 국민체육진흥법 법기칙 제2조에 따른 체육활동의 관람을 위한 입장권의 구입

③ 영화 및 비디오물의 진흥에 관한 법률 법기칙 제2조에 따른 비디오물의 구입

④ 음악산업진흥에 관한 법률 법기칙 제2조에 따른 음반 및 음악영상물의 구입

⑤ 출판 및 인쇄진흥법 법기칙 제2조에 따른 간행물의 구입

⑥ 관광진흥법 법기칙 제48조의2 제3항에 따라 문화체육관광부 장관이 지정한 문화관광축제의 관람 또는 체험을 위한 입장권·이용권의 구입

⑦ 관광진흥법 시행령 법기칙 제2조1항3호 마목에 따른 관광공연장의 입장권으로서 입장권 가격 중 식사·주류 가격과 공연물 관람 가격이 각각의 시가 등에 비추어 적정한 가격으로 기재되어 있는 입장권의 구입

⑧ 기획재정부령으로 정하는 박람회의 입장권 구입

⏻ 영화상품권의 문화접대비 해당 여부

영화상영업을 영위하는 다른 법인이 발행한 상품권을 취득하

여 이를 접대비로 사용하는 경우로서, 이용약관상 동 상품권은
현금환불이 불가능하고 영화상영업 법인이 운영하는 영화상영관
의 영화상영입장권으로만 교환이 가능한 경우 동 접대비는 문화
접대비에 해당한다.[3]

1) 조특법 제136조③
2) 법인 230, 2009.1.19
3) 법인 3032, 2008.10.23

 **접대비 지출증빙의 예외사항**

1 접대비 비용으로 인정하는 경우

접대비 지출에서 예외적으로 법정증빙이 없어도 접대비 비용으로 인정하는 경우는 다음과 같다. [1]

① 회사가 직접 생산한 제품으로 접대를 하는 경우
② 약정에 의한 채권포기가 접대비로 분류되는 경우
③ 현금만 사용 가능한 국외지역에서 현금으로 구매하여 접대를 하는 경우

2 채권포기를 접대비로 보는 경우

약정에 의하여 채권의 전부 또는 일부를 포기하는 경우에도 이를 대손금으로 보지 않고 기부금 또는 접대비로 본다. 다만, 특수관계자 외의 자와의 거래에서 발생한 채권으로서 채무자의 부도발생 등으로 장래에 회수가 불확실한 어음·수표상의 채권 등을 조기에 회수하기 위하여 당해 채권의 일부를 불가피하게 포기한 경우, 동 채권의 일부를 포기하거나 면제한 행위에 객관적으로 정당한 사유가 있는 때에는 동 채권포기액에 대하여는 접대비가 아닌 일반경비로 손금에 산입한다. [2]

⏻ 소멸시효가 완성된 채권에 대한 대손금 여부

법인이 어음법에 의한 소멸시효가 완성되어 회수할 수 없는 어음상의 채권의 금액은 그 소멸시효가 완성된 날이 속하는 사업연도의 손금으로 산입한다. 다만, 법인이 어음상의 채권을 담보하기 위하여 채무자의 재산에 설정한 저당권을 행사하지 않는 것과 같이 채권의 회수가능성 등 구체적인 사정을 감안하여 정당한 사유없이 채권회수를 위한 제반 법적조치를 취하지 아니함에 따라 채권의 소멸시효가 완성된 경우에는 동 채권의 금액은 접대비 또는 기부금으로 보는 것이다.[3]

❸ 국외지역에서 접대하는 경우

국외지역 접대로서 접대비가 지출된 장소(당해 장소가 소재한 인근지역 안의 유사한 장소를 포함한다.)에서 현금 외에 다른 지출수단이 없어 신용카드 등의 증빙을 갖추기 어려운 경우의 당해 국외지역에서 접대하는 경우이다. 국외지역이란 국가단위로 판단하는 것이 아니라 접대비를 지출한 국외의 특정지역 또는 특정장소를 말한다.[4]

▶ 관련법규

1) 법시칙 제20조②, 법령 제41조②
2) 법기칙 19의2-19의2…5
3) 재법인 46012-93, 2003.5.31
4) 서면2팀 425, 2007.3.15

 ## 상품권을 접대비로 사용한 경우

1 신용카드 사용조건

신용카드로 구입하는 경우에만 접대비 한도 내에서 비용으로 인정된다. 법인이 접대를 위하여 1만원을 초과하는 상품권을 구입하는 경우에는 법정증빙 중 여신전문금융업법에 의한 신용카드(직불카드, 선불카드 포함)매출전표만을 지출증빙으로 인정된다. 즉 여신전문금융업법에 의한 신용카드(직불카드, 선불카드 포함)매출전표를 수취하지 아니하고 지출한 경우에 동 접대비는 소득금액 계산상 비용으로 인정하지 않는다.[1]

2 상품권의 현금 구매

상품권은 재화나 용역을 제공받을 수 있는 증표인 통화대용증권에 불과한 것으로서 상품권 거래 자체는 재화나 용역의 공급에 해당한다고 볼 수 없으므로 세금계산서·계산서 및 현금영수증이 발급 대상이 될 수가 없기 때문이다. 따라서 상품권을 현금으로 구입하고 세금계산서 등을 발급받아 법인의 접대비로 사용한 경우에는 세법상 당해 비용은 전액 인정되지 않는다.[2]

③ 자사물품구매 상품권발행

다만, 법인이 자기 제품이나 상품을 구입할 수 있는 상품권을
발행하여 거래처 접대비로 지출한 경우에는 접대비의 지출증빙
예외사항에 해당하는 자사제품 등으로 접대하는 경우에 해당하
므로 법정지출증빙 없이 각 사업연도의 소득금액을 계산함에서
이를 손금에 산입할 수 있으나 법인의 업무와 관련이 있다고 인
정될 만한 거래증빙서류와 내부통제의 근거 등 객관적인 자료에
의하여 접대비 사실을 입증하여야 한다. 그리고 접대비의 귀속
시기는 상품권을 제공하는 시점에 접대행위의 권리의무가 확정
되므로 이때를 귀속시기로 본다.[3]

④ 접대비명세서

신용카드로 상품권을 구입하거나 상품권을 발행하여 접대비로
지출한 경우에는 접대비 지출 시 그 지출기준 및 사용처 내역
등을 갖추어 객관적으로 사용처가 증빙될 수 있도록 한다.

▷ 관련법규

  1) 서면2팀 2664, 2006.12.27
  2) 부가 46015-3650, 2000.10.26
  3) 제도 46012-12709, 2001.8.17. 재법인 46012-121, 2000.8.8

 ## 7 농어민 물품을 구매하여 접대한 경우

1 접대비처리가 불가한 경우

비사업자인 농어민 등에게 기업이 접대를 목적으로 농어민 생산물품을 구매하여 거래처 및 타인에게 선물 등으로 접대한 경우, 농어민 물품 구매시 법정증빙을 수취하지 아니하면 구매비용을 인정받지 못한다.

1만원 이상의 접대비는 반드시 법정증빙을 갖추어야 한다. 접대비는 거래상대방이 사업자인지 여부와는 상관없이 법정증빙을 갖추지 못하면 세무상 경비로 인정하지 않는다. (서면2팀 1843, 2006.9.20)

2 일반경비 처리가 가능한 경우

사업자등록을 하지 않아 계산서 발행이나 신용카드결제 및 현금영수증 발행 등 법정지출증빙서류를 발급할 수 없는 농어민 등에게 기업이 접대비 외의 경비에 사용할 목적으로 직접 구입하고 대금을 송금하는 경우에는 법정증빙을 수취하지 않아도 증빙불비가산세 적용 없이 세무상 경비로 인정되나, 접대를 목적으로 1만원 이상의 물품을 구입한 경우에는 법정지출증빙서류가 없으면 세무상 경비로 인정하지 않는다.

 **8 임직원 신용카드 사용의 접대비**

1 1만원 이하 접대비

법인이 1회의 접대비로 지출된 금액이 1만원 이하인 경우로서 임직원의 신용카드로 결제하는 경우에는 당해 법인의 접대비로 지출된 것이 객관적으로 입증되는 때 법인세법(제25조)이 규정하고 있는 범위내에서 손금에 산입하되 신용카드사용비율 계산시 신용카드사용금액에는 이를 포함하지 않는다.[1]

2 1만원 초과 접대비

법인이 접대비로 1회에 1만원을 초과하는 접대비는 법인명의 이외의 신용카드를 사용한 경우에는 각 사업연도 소득금액계산에서 이를 손금에 산입할 수 없다.[2]

3 임직원 접대비 지출증빙

법인사업자의 접대비 지출은 은 법인명의 신용카드를 사용하는 경우에만 접대비로 인정한다. 따라서 법인카드가 발급되지 않아 대표이사 또는 임원과 사원 개인신용카드를 사용하여 접대비를 1만원을 초가하는 금액을 지출하는 경우에 법인의 비용으로 인정하지 않으며, 또한 손금산입하지 않는다.

4 증빙서류

법인이 법인카드 발급 전에 접대비를 현금으로 지출하고 세금계산서, 계산서, 지출증빙용 현금영수증을 수취하여야 적격증빙으로 인정받을 수 있다.[3]

관련법규

1) 제도 46012-10356, 2001.3.30
2) 상담2팀 456, 2004.3.16
3) 제도 46012-10511, 2001.4.10

11장

국외지급의 지출증빙

국내사업장이 없는 비거주자로부터 물품을 공급받거나 용역을 제공받고 대금을 지급하는 경우 당해 비거주자는 우리나라의 사업자가 아니므로 법정 지출증빙을 받을 수 없다.

따라서 국내사업장이 없는 비거주자에게 대금을 지급하는 경우에는 증빙불비가산세 적용대상이 아니나, 기업의 비용으로 처리하기 위하여 다음과 같이 증빙과 확인을 하여야 한다.

≪국외지급 증빙 확인내용≫

구 분	주의할 사항
국외로부터 물품 수입	1. 수입신고필증, 수입세금계산서 등 증빙서류 수취 2. 수입대금 송금내역과 대응하는 수입물품 수입시기 확인 및 정리(외환차손익 인식) 3. 수입대행업자로부터 수입통관정산서 수취
국외로부터 용역 수급	1. 대금송금 이전 공급받은 국가와의 조세조약상 어떤 소득에 해당하는가를 확인 2. 조세조약에 따른 원천징수 여부 확인 3. 원천징수 주민세 별도징수 여부 확인

2 국외로부터 물품의 수입

1 비거주자로부터 수입물품의 증빙

국내사업장이 없는 비거주자로부터 물품을 공급받으면 수입신고필증, 수입세금계산서, 수입계산서, 인보이스(invoice), 송금내역서 등 수입과 관련된 서류로 증빙하면 되고, 수입세금계산서 또는 수입계산서를 수취하는 경우를 제외하고는 세법에 의한 지출증빙서류의 수취 및 보관의무는 없다.

국내에 사업장이 없는 비거주자로부터 재화 또는 용역을 공급받기로 하고 그 대가를 비거주자에게 지급하는 내국법인이 편의상 그 비거주자로부터 대가를 지급받는 국내하청업체로부터 국내에서 재화 또는 용역의 일부를 공급받는 경우 또한 지출증빙서류의 수취 및 보관의무가 없다.[1]

○ 북한과 거래 시 지출증빙 수취대상 여부

북한은 세법상 외국에 해당하므로, 국내사업장이 없는 외국법인이나 비거주자로부터 재화나 용역을 공급받거나 국외에서 재화 또는 용역을 공급받은 경우(세관장이 세금계산서 또는 계산서를 교부한 경우를 제외한다)에는 지출증빙서류의 수취 및 보관 대상에서 제외되는 것이다.[2]

⏻ 수입계산서의 매입처별 합계표 미제출 시 가산세 적용 여부

외국법인으로부터 재화 또는 용역을 공급받은 것이 아닌 단순 임차 목적 수입하면서 세관장으로부터 발급받은 계산서에 대하여 매입처별 합계표를 기한 내에 납세지 관할 세무서장에게 제출하지 아니하면 계산서합계표 미제출 가산세가 적용된다.[3]

② 외화환산 손익을 인식하기 위한 외화송금명세서

국내사업장이 없는 비거주자로부터 물품 또는 용역을 공급받고 대금을 지급하는 경우에 공급시기와 대금지급시기가 동일하지 않으므로 환율변화에 따른 외화환산손익을 인식하여야 한다.

외화대금을 송금하는 경우에 공급일자가 다른 여러 개의 공급대가를 합하여 지급하는 경우에는 각각의 공급시기에 대한 지급금액이 얼마인지가 정리되어 있지 않으면 외화환산손익을 인식하기가 어려워진다. 따라서 외화대금의 송금에 대하여는 외화대금 송금과 대응되는 공급시기와 공급대가를 정리해 두어야 할 것이다.

③ 수입대행업자에게 지급한 금액의 수입통관정산서

재화를 수입하면서 관세사 또는 운송업자에게 수입대행을 의뢰한 경우에 일반적으로 수입업자는 수입대행을 의뢰받은 관세사 등에게 수입대행수수료 외에 관세 등의 다른 제반경비도 송금하여 준다. 수입대행업자는 송금받은 금액에 대한 사용내역인 정산서와 수입대행업자가 발행한 지출증빙 및 다른 사업자로부

터 수취한 지출증빙을 함께 보내 준다.

이 경우 수입업자가 송금한 거래상대방은 수입대행업자 한 곳이나 지출증빙은 여러 업체의 것을 수취하게 된다. 따라서 정산서가 없으면 수입대행업자에게 송금한 금액에 대한 정확한 사용내역을 파악하기 어려우므로 정산서를 반드시 비치하여야 한다.

▶ 관련법규

1) 서면2팀 839, 2006.5.12
2) 서면2팀 2156, 2005.12.22
3) 서면2팀 961, 2004.5.6

3 외국인에게 지급하는 지출증빙

1 비거주자 지급 급여 등의 지출증빙

비거주자의 제공용역	근무장소	증빙서류	원천징수 여부
종속적 인적용역	국외	근로계약서, 송금명세서	원천징수 하지 않음 (임원은 원천징수)
	국내	근로계약서, 송금명세서	조세조약에 따라 원천징수 여부 결정

국외의 외국인에게 용역 등을 공급받고 지급하는 내역으로는 근로소득, 사업소득, 인적용역소득, 사용료소득, 자본소득(이자, 배당 등), 양도소득, 기타소득 등이 있다.

비거주자가 국외에서 근로를 제공하는 경우에는 조세조약이 체결된 국가와는 대부분 우리나라에서 과세하지 않으므로 원천징수하여 신고 및 납부하지 아니한다. 따라서 근로계약서와 송금명세서를 비치한다.

그러나 임원은 정기 또는 비정기적으로 개최되는 내국법인의 이사회에 참석하여 회사의 중요 의사결정사항에 대하여 의결권을 행사하는 것이 보수의 지급원인이 되는 이사로서 직무가 국내에서 행해지는 것이므로, 국외에 거주하는 비거주자인 임원에게 지급하는 근로소득에 대하여는 거주자의 근로소득 원천징수

방법을 준용하여 소득세를 원천징수 한다.[1]

○ 비거주자의 구분

거주자와 비거주자는 국적으로 판단하는 것이 아니라 거주기간·직업·국내에서 생계를 같이하는 가족 및 국내 소재 자산의 유무 등 생활관계의 객관적 사실에 따라 판단하는 것으로서, 계속하여 1년 이상 국외에 거주할 것을 통상 필요로 하는 직업을 가지고 출국하거나 국외에서 직업을 갖고 1년 이상 계속하여 거주하는 때에는 비거주자로 보는 것이나, 이 경우에도 국내에 가족 및 자산의 유무 등과 관련하여 생활의 근거가 국내에 있는 것으로 보는 때에는 거주자로 본다.[2]

비거주자가 국내에서 근무하는 경우에는 원천징수를 해야 하나, 183일 이내 근무할 조건으로 근로를 제공하는 경우에는 조세조약에 의하여 대부분 원천징수하지 않는다. 원천징수를 한다면 거주자에게 지급하는 근로소득과 같은 방법으로 원천징수를 한다.

○ 근로소득의 구분

근로소득을 제공하는지를 판단할 때에는, 비거주자가 내국법인과 체결한 계약의 실질적인 내용이 동 계약에 따른 업무나 작업에 대해 거부를 할 수 없으며, 용역의 제공에 대한 시간적·장소의 제약을 받음은 물론, 업무수행 과정에서 당해 법인의 구체적인 지시를 받고 또한 당해 법인의 근로자복무규정을 준수해야 할 의무가 있는 경우 등에 해당하면 근로소득으로 판단한다.[3]

❷ 비거주자의 국외근로소득 과세 여부

내국법인이 비거주자를 채용하여 일본에서 근로를 제공하게 하고 대가를 지급하는 경우 동 대가는 비거주자의 국외원천근로소득에 해당하므로 대한민국과 일본 간의 조세협약(제15조 및 소득세법 제3조)에 따라 대한민국에서 과세하지 않는다.[4]

⟳ 비거주자인 임원에게 지급하는 보수에 대한 원천징수 여부

내국법인이 전적으로 일본 내에서만 업무를 수행하는 현지인(소득세법상의 비거주자이며, 내국법인의 임원에 해당하지 아니함)을 고용하여 급여를 지급할 때 동 급여는 국내원천소득에 해당하지 아니하는 것이나, 일본 거주자가 내국법인에 비상근임원으로 근무하면서 지급받는 보수는 근로소득에 해당하며, 거주자의 근로소득 원천징수방법을 준용하여 소득세를 원천징수 한다.[5]

내국법인의 임원인 외국인 국외거주자의 국내에서 지급하는 근로소득에 대해서는 거주자의 근로소득 원천징수방법을 준용하여 소득세를 원천징수 한다.[6]

▶ 관련법규

1) 소령 제179조⑧2, 국일 46017-507, 1998.8.14
2) 서면1팀 944, 2006.7.11   3) 서면2팀 2415, 2004.11.23
4). 서면2팀 1200, 2006.6.23   5) 서이 46017-10154, 2003.1.22
6) 서이 46017-10797, 2002.4.17

 ## 외국인 개인에게 지급하는 지출증빙

(1) 비거주자인 개인의 인적용역

인적용역이란 전문적인 지식 또는 특별한 기능을 가진 자가
그 지식 또는 기능을 활용하여 제공하는 용역을 말한다.

비거주자의 제공용역	근무장소	증빙서류	원천징수 여부
독립적 인적 용역	국외	계약서, 송금내역서	원천징수 하지 않음
	국내	계약서, 송금내역서	조세조약에 따라 원천징수 여부 결정

비거주자가 국외에서 독립된 자격으로 인적용역을 제공하는
경우에는 조세조약이 체결된 국가와는 대부분 우리나라에서 과
세하지 않는다. 따라서 인적용역에 대한 계약서와 송금내역서를
비치하면 된다.

인적용역은 사용료소득과 구분되어야 하는데, 일반적으로 비
거주자로부터 기술용역을 제공받고 지급하는 대가가 당해 비거
주자가 축적한 지식·경험에 관한 정보 또는 노하우에 대한 대
가인 경우에는 사용료에 해당하고, 정형화된 전문직업적 용역
또는 정형화되지는 않았으나 그 용역의 성질이 동종의 용역수행
자가 통상적으로 보유하는 전문지식이나 기능을 활용하여 수행

하는 용역에 대한 대가인 경우에는 독립적 인적용역에 해당한
다.

국내에서 비거주자가 독립적 인적용역을 제공하는 경우에는
조세조약에 따라 인적용역제공일수, 고정시설의 여부, 일정금액
초과 유무 등에 따라 달리 적용되므로 국내에서 비거주자의 독
립적 인적용역에 대한 대가를 지급할 때에는 조세조약을 확인하
고 지급하여야 한다.

조세조약에 원천징수세율에 대한 제한이 없다면 원천징수세율
은 20%(주민세 별도)이다.

 **외국법인에 지급하는 용역대가의 증빙**

1 인적용역과 사업소득의 구분

외국법인의 인적용역은 그 성격상 독립적 인적용역에 해당하나, 우리나라가 체결한 조세조약에 따라 사업소득으로 구분한다.

사업소득은 국내에 고정사업장이 있고 당해 고정사업장에 귀속된 부분만 과세하도록 대부분 조세조약에 규정되어 있으므로 사업소득으로 분류되는 경우에는 국내에 고정사업장이 없으면 과세할 수 없다.

① 사업소득으로 간주하는 경우 : 미국, 독일 등

② 독립적 인적용역으로 간주되는 경우 : 네덜란드, 룩셈부르크, 멕시코 프랑스, 이탈리아, 중국, 필리핀, 스웨덴, 스위스, 영국, 폴란드 등

따라서 외국법인의 인적용역에 대하여는 사업소득으로 간주하는지 독립적 인적용역으로 간주하는지를 확인하고, 원천징수 여부를 판단하여야 한다.

그러나 외국법인의 인적용역이 산업상 노하우에 대한 대가인 사용료소득에 해당하면 사용료소득으로 원천징수를 해야 하므로, 사용료소득 여부를 먼저 판단하여야 할 것이다.

② 기계설비 도입 시 설립·조립용역 등의 대가

국내사업장이 없는 외국법인으로부터 기계설비 등 고정자산을 도입함에 따라 필수적으로 부수되어 동 외국법인으로부터 도입 제공되는 설치·조립 등의 용역 및 이의 감리·감독용역과 사후관리(After Service) 등의 용역대가로서 동 대가가 당해 도입물품 가격에 포함되는 것은 인적용역소득이나 사용료소득에 해당하지 아니하며 사업소득에 해당한다.[1)]

⟳ 스위스법인에 지급하는 기계 또는 설비의 설계·설치용역 대가의 원천징수 여부

내국법인이 국내사업장이 없는 스위스법인으로부터 기계(분쇄기) 또는 설비(페인트 제조설비)를 수입함에 따라 동 스위스법인으로부터 제공받는 설계·설치용역이 정형화된 전문직업적 용역 또는 정형화되지는 않았으나 그 용역의 성질이 동종의 용역수행자가 통상적으로 보유하는 전문지식이나 기능을 활용하여 수행하는 용역에 해당하는 것이라면 법인세법(제93조6호) 및 한·스위스 조세조약(제14조)의 인적용역에 해당하므로 국내에서 수행된 용역에 대한 대가를 지급하는 내국법인은 지급액의 20%(주민세 별도)를 원천징수하여 납부하여야 한다.

다만, 기계(분쇄기) 또는 설비(페인트 제조설비)를 수입함에 따라 필수적으로 부수되어 동 스위스법인으로부터 설치·조립 등의 용역 및 이의 감리·감독용역과 애프터서비스 등의 용역을 제공받고 지급하는 대가가 당해 기계 또는 설비 가격에 포함되는 것은 스위스법인의 사업소득에 해당하여 국내에 고정사업장

이 없으면 과세되지 않는다.[2]

3 기술용역대가의 구분

○ 독일법인 기술용역 대가 소득구분

내국법인이 국내 기술 자립도가 낮은 분야에 대해 독일법인으로부터 기술용역을 제공받고 지급하는 대가가 당해 독일법인이 축적한 지식·경험에 관한 정보 또는 노하우에 대한 대가인 경우에는 사용료에 해당하여 국내에서 과세하나, 당해 독일법인이 정형화된 전문직업적 용역 또는 정형화되지는 않았으나 그 용역의 성질이 동종의 용역수행자가 통상적으로 보유하는 전문지식이나 기능을 활용하여 수행하는 용역에 대한 대가인 경우에는 한·독 조세조약 제7조에 따라 사업소득에 해당하여 국내에 고정사업장이 없다면 국내에서 과세하지 않는다.[3]

○ 미국법인 기술용역 대가 소득구분

내국법인이 미국법인으로부터 기술용역을 제공받고 지급하는 대가가 당해 미국법인이 축적한 지식·경험에 관한 정보 또는 노하우에 대한 대가인 경우에는 사용료에 해당되어 국내에서 과세되며, 당해 미국법인이 정형화된 전문직업적 용역 또는 정형화 되지는 않았으나 그 용역의 성질이 동종의 용역수행자가 통상적으로 보유하는 전문지식이나 기능을 활용하여 수행하는 용역에 대한 대가인 경우에는 한·미 조세조약 제8조에 따라 사업소득에 해당되어 국내에 고정사업장이 없다면 국내에서 과세되지 않는다.[4]

일방체약국의 거주자가 전문직업적 용역 또는 독립적 성격의 기타 활동과 관련하여 취득하는 소득은 다음의 경우가 아니면 동 일방체약국에서만 과세한다.

그가 자신의 활동을 수행할 목적으로 타방체약국 안에 정기적으로 이용 가능한 고정시설을 가지는 경우, 또는 당해 역년 중 총 183일 또는

이를 초과하는 단일기간 또는 통산한 기간에 동 타방체약국에 체류하는 경우, 만일 그가 고정시설이 있거나 앞서 언급한 단일기간 또는 통산한 기간 동안 타방체약국에서 체류한다면, 타방체약국에서 그 소득에 대하여 과세할 수 있으나, 동 과세는 그 고정시설에 귀속되거나 앞서 언급한 단일기간 또는 통산한 기간 동안 타방체약국에서 취득하는 소득에 한한다.

▶ 관련법규

1) 법기통 93-132…9
2) 국제세 532, 2009.10.19
3) 국제세 318, 2010.7.9
4) 국제세 346, 2010.7.16

 **비거주자에게 사용료소득을 지급하는 경우**

1 사용료소득의 원천징수

사용료소득은 저작권 대가 또는 노하우(Know How)에 대한 대가를 말한다. 독립적 인적용역을 받고 지급한 대가에 노하우에 대한 대가가 포함되어 있다면 사용료소득으로 본다.[1] 노하우 해당 여부는 특히 다음의 요소를 고려하여 결정한다.[2]

① 비밀보호규정이 있거나 제3자에게 공개되지 못하게 하는 특별한 장치가 있는지 여부

② 기술용역제공 대가가 당해 용역 수행에 투입되는 비용에 통상이윤을 가산한 금액을 상당히 초과하는지 여부

③ 사용자가 제공된 정보 또는 노하우를 적용하면서, 제공자가 특별한 역할을 수행하도록 요구되는지 또는 제공자가 그 적용결과를 보증하는지 여부

사용료소득에 대한 대가를 지급하는 경우에는 원천징수하여 신고·납부하여야 한다. 다만, 원천징수세율은 각 국가 간 조세조약에서 달리 적용하고 있으므로 대가를 지급할 때에는 조세조약을 확인하여 원천징수를 하고 지급하여야 한다.

사용료소득에 대한 대가에 대해 원천징수를 하는 경우에 각각의 조세조약에 따라 원천징수세율에 주민세가 포함된 경우와 없는 때도 있다. 미국, 캐나다, 필리핀 등은 주민세를 별도로 징수하고, 일본, 독일, 프랑스, 스위스 등은 주민세를 별도로 과세하지 않으므로 원천징수 시 주민세의 별도 징수 여부를 국세청 상담센터 등으로부터 꼭 확인하여야 한다.

❷ 소프트웨어 지급 대가의 사용료소득 여부

소프트웨어는 특정의 결과를 얻기 위하여 컴퓨터 등 정보처리 능력을 가진 기계장치 내에 직접 또는 간접적으로 사용되는 일련의 지시 또는 명령 등 동 프로그램과 관련되어 사용되는 설명서, 기술서 및 기타 보고서 등을 말하는 것으로서, 국내사업장이 없는 외국법인에 지급하는 소프트웨어 도입대가에 대하여는 다음과 같이 구분한다.[3]

① 소프트웨어 저작권자로부터 당해 소프트웨어의 저작권을 양수하고 지급하는 대가 및 소프트웨어의 복제권, 배포권, 개작권 등의 사용 또는 사용할 권리의 대가는 사용료소득에 해당한다.

② 위 ①항 이외의 방식으로 도입되는 것으로, 다음에서 열거하는 경우에 지급되는 소프트웨어의 대가는 사용료소득에 해당한다.

1. 해당 소프트웨어의 비공개 원시코드(Source code)가 제공되는 경우

2. 원시코드가 제공되지 않는 경우에는 국내도입자의 개별적인 주문에 의해 제작·개작된 소프트웨어가 제공된 경우

3. 소프트웨어의 지급대가가 당해 소프트웨어의 사용형태 또는 재생산량의 규모 등 소프트웨어의 사용과 관련된 일정

기준에 기초하여 결정되는 경우

③ 소프트웨어의 국내도입자가 외국의 소프트웨어 개발업자에게 국내도입자의 비용과 책임으로 자기가 원하는 소프트웨어를 개발하여 제작해 줄 것을 의뢰하고 도입한 것으로서 자기가 그 도입한 소프트웨어에 대한 포괄적인 권리(저작권을 포함한다)를 원시적으로 취득하고 지급하는 대가는 사용료소득에 해당하지 아니한다.

○ 원시코드가 제공되는 소프트웨어 도입대가의 사용료소득 여부

컴퓨터 프로그램의 비공개 원시코드를 제공받아 복제, 개작 등의 권한을 허용받고 지급하는 노하우의 사용 대가는 사용료소득에 해당하고, 네트워크 인프라를 통하여 불특정 다수인이 이용 가능한 화상회의 서비스를 제공받기 위하여 지급하는 대가는 사업소득 해당한다.[4]

○ 일본 범용소프트웨어 도입대가 사용료소득 여부

내국법인이 일본법인으로부터 맵(map) 소프트웨어를 도입해서 당해 소프트웨어가 불특정 다수의 업체에서 범용할 수 있도록 상용화된 소프트웨어로서 그 도입과 관련하여 특별한 교육·훈련 또는 개작 없이 구입한 경우에는 그 도입대가는 사용료소득에 해당하지 않는다.[5]

▶ 관련법규

1) 재국조 665, 2004.12.10 2) 법기통 93-132…7
3) 법기통 93-132…8 4) 국조 2010-43, 2010.3.18
5) 국제세 69, 2010.2.5

 사용료소득과 인적용역 소득의 구분

구　분	사용료소득	인적용역소득
① 개념상	노하우 등 무형의 가치	신체에 수반되어 제공되는 노무, 기능 및 기술
② 원천지국	사용지국, 지급지국	수행지국(이용지국)
③ 소득측면	창출된 가치에 대한 대가	서비스에 대한 대가
④ 제공자의 책임	결과에 대한 보증의무 없음	일정기간동안 용역결과에 대한 보증의무 있음
⑤ 대가지급 방법	당해 대가가 제공된 기술이나 공업소유권을 사용한 회수, 기간, 생산 또는 사용에 의한 이익에 대응해서 산정 됨	당해 용역에 대한 대가
	창출된 가치를 위하여 지출된 비용에 통상이윤을 가산한 금액을 훨씬 초과하여 지급되는 경우	당해 용역에 대한 대가가 당해 용역의 제공을 위하여 지출된 비용에 통상이윤을 가산한 실제 가액인 경우
⑥ 설계용역의 대가 국외에 도면제작 의뢰 대가	특정인과의 용역계약에 의하여 작성된 도면이 아닌 불특정인을 위하여 작성된 설계도면을 사용하고 지급하 는 금액 (반복사용 또는 복제권리의 대가)	설계사가 제공하는 용역과 같이 정형화된 전문직업적 용역(정형화된 전문직업적 용역인 경우 그 성질이 용역수행자가 통상적으로 보유하는 전문적인 지식 또는 특별한 기능을 활용하여 업무를 수행한 경우)
	공개되지 않은 기술적 정보, 즉 노하우가 포함된 도면 건설용역이 공개되지 않은 기술적정보를 전수하는 경우와 같이 노하우를 제공하는 것일 경우에는 설계도면의 납품을 통해서 이루어지더라도 사용료에 해당됨.	설계사가 전문직업인으로서 지식을 활용하여 제작한 도면

구 분	사용료소득	인적용역소득
개발에 소요되는 직·간접비용을 실제 부담한 경우	사용료소득에 해당되지 않음	인적용역소득에 해당됨
개발의 성공 여부에 따른 위험을 부담하는 경우	사용료소득에 해당되지 않음	인적용역소득에 해당됨
제공한 용역의 상대적 가치	상대적 가치가 큰 경우에는 사용료소득에 해당됨	상대적 가치가 없거나 작은 경우에는 인적용역소득에 해당됨
⑦ 기술용역	기술제휴선에 지급되는 기술이전대가	물품의 제작도면, 설계명세서 및 설계기계, 기구의 사양서 등에 실제로 소용된 비용
⑧ 인적용역대가와 사용료가 혼합된 경우	인적용역 부분이 보조적이며 그 금액이 크지 않은 경우에 전체를 사용료로 봄	인적용역 부분을 합리적으로 배분하여 인적용역부분이 사용료의 보조적이 아니며 그 금액이 큰 경우

♣ 저자소개

고 희 동

단국대학교 회계학과 졸업
경희대학교 법무대학원 국제조세학과 수료
(전) 여성인력개발센터 세무회계 강사
(현) 고희동 세무회계사무소 대표
(현) 한국세무사회 감리위원
(현) 한국재정경제연구소 세무회계 전문위원
(현) 세무사

책 내용 문의
gohd69@naver.com

교육 문의
전화 02-562-4356

경리실무자가 반드시 알아야 하는

경비지출 증빙실무

발행일	2011년 10월 25일 1판 1쇄 발행
저자	고희동
발행인	강석원
발행처	한국재정경제연구소(코페하우스)
출판등록	제2-584호 (1988.6.1)
주소	서울특별시 강남구 대치동 889 - 5
전화	(02) 562 - 4355
팩스	(02) 552 - 2210
메일	kofe@kofe.kr
웹사이트	www.kofe.kr
ISBN	978-89-93835-19-9 (13320)
값	15,000원

* 코페하우스는 한국재정경제연구소 출판브랜드입니다.